赤坂「まめ多《だ》」女将の
おつまみレシピ
春夏秋冬

降旗壽眞子《ふりはたすまこ》

集英社

はじめに

小さな豆皿に、色味のよい料理があると
ちょっとひと口、つまんでみたくなるもの。
酒呑みが寿司屋で一杯、を好きな理由は
「つまむものがちょっとずつ出てくる」から
ではないかと思います。
そんなおつまみの中に、野菜もいっぱいあれば
もっとおいしく、身体にも心地よくいただけるのでは……
と思ったのが、「まめ多」をはじめるきっかけでした。
ふつうの家庭料理を、形を変えてだすだけなんです。
板前修業をしたわけでもない私にもできるのですから
ご家族のために、そしてご自分のために
ちょっと楽しんで作ってみたらいかがでしょう？

冷蔵庫のなかで忘れられている食材に
まず光をあてて、生かしてあげましょう。
そして毎日の買い物のときに、
季節を感じるものを1点入れてみましょう。
いまある食材に何をプラスするか、
買い物せずにどうやりくりするか、
いろいろ方法を考えてみることで
新しい食材の組み合わせが見つかるかもしれません。
一度しか使わずに眠らせていた調味料を
肉の下味に使ったり、カレーソースにいれて煮込んだり
炒め物に加えてみたり……
小さな工夫で、びっくりするほど新鮮な一皿が
できるかもしれません。
この本が、そんなときの参考になれば嬉しいかぎりです。

目次

夏の料理

【本書の使い方】

◆材料は2人分を基本としていますが、
レシピによっては作りやすい人数分や分量で表記してあります。
◆小さじ1は5cc、大さじ1は15cc、1合は180ccです。
◆砂糖は上白糖、バターは有塩バターを使用しています。
◆しょうゆは、濃口しょうゆです。
◆白しょうゆは、淡口しょうゆで代用できます。
◆電子レンジは500Wのものを使用しました。
◆鍋の材質や大きさによって、調理時間を適宜調節してください。
◆レシピの分量は目安です。ご自身のお好みの味を見つけてください。

装丁　津野千枝
写真　天方晴子

まめるのおつまみ コツのコツ

手間いらずの一皿を編み出すヒントから、
旬の素材を味わい尽くす調理法、
季節を気軽に取り入れるアイデアまで。
今晩すぐ試したくなる料理のツボを、
太鼓判のレシピとともに紹介します。

まずはささっと一皿！すぐに作れる小さな前菜

味の濃淡や食感の違いを考えて、冷蔵庫にある食材を組み合わせます。

冷凍ぶどうとクリームチーズの生ハム包み

1 種なしぶどうを冷凍しておく

2 食べやすい大きさに切った生ハムを広げ、クリームチーズ小さじ1をのせ、冷凍のぶどうを半分に切り、クリームチーズの上にのせて巻く

※食べる直前に作るのがポイント

かまぼこのわさび漬けあえ

1 かまぼこは1センチの厚みに切って、さらにさいの目にする

2 わさび漬け（市販品）にあえる

※きゅうりの薄切りにのせたり、のりなどにのせても

セロリとチーズ明太子

1 セロリの芯の方にクリームチーズをのせ、さらにほぐした明太子をのせる

※きゅうり、クラッカー、ゆでたアスパラガスなどでも可

季節を感じる料理を器づかいで魅せる

夏は涼しく、冬はあたたかく。
何気ない料理こそ、演出にひと工夫します。

大根梅サンド

◆材料（2人分）
大根……5センチほど
大葉（千切り）……2枚
梅くらげ（市販品）または
たたいた梅干し……大さじ3

◆作り方
1 大根は皮をむいて、2ミリぐらいのごく薄い輪切りにして水に放す
2 大葉の千切りと梅くらげを、水をきった大根にはさむ（左写真）

※2を省略して、上写真のように材料それぞれを盛りつけ、いただく時にはさむ方法も。氷水に浮かぶ大根が見た目にも涼しげです。梅の酸味とくらげの食感を楽しんで。（118ページ参照）

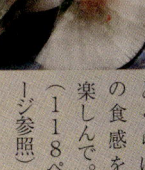

オールシーズンおいしい超定番はこれ！

もてなす人も、もてなされる人も、
「いつものおつまみ」が数種類あれば安心です。

人参オレンジサラダ

1 人参1本の皮をむいてスライサーなどで千切りにし、塩小さじ1／2をふる

2 オレンジ1個を半分に切って、半分はしぼり、半分は実をほぐす

3 1の人参がしっとりしてきたら水分を軽くしぼり、お湯でもどした干しぶどう大さじ1～2ほど、オレンジのしぼり汁と実、昆布酢大さじ1弱とオリーブオイル大さじ1／2、はちみつ小さじ1を加えてすべてをあえる

※冷蔵庫で2～3日は保存可

のりわさび

1 のりは手でちぎって2センチ角以下の大きさにする。大判1枚ののりにたいしてめんつゆ大さじ1をかけ、しめらせる

2 1におろしわさび小さじ1くらいを混ぜて豆皿に盛る

※そのまま酒のアテに。かまぼこにはさんでも(下写真)

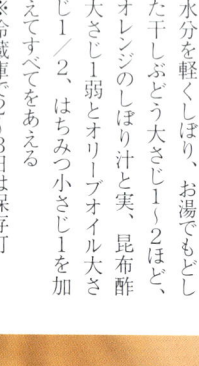

ピーマンと明太子炒め

1 ピーマン2個を千切りにし、サラダ油大さじ1／2をひいたフライパンで炒める

2 ピーマンに7割ほど火が通ったら、ほぐした明太子大さじ1、牛乳大さじ2を加え、混ぜて火を止める

※牛乳の代わりに生クリーム大さじ1を使ってもよい

ひめさざえのエスカルゴ風

1 ひめさざえ4個をよく洗って鍋に並べ、さざえが1／3つかるほどの水と酒大さじ1を入れ、フタをして強火で酒蒸しにする

2 沸騰して2〜3分経ったらしょうゆ大さじ1を加えて火を止め、さざえのフタを金串などで取りのぞき、身を殻から外して戻す

※次の工程のオーブンでの爆発を防ぐために、必ず身を殻から一度外すこと

3 さざえひとつずつに煮汁を少しとフライドガーリック（116ページ参照）小さじ1／2、オリーブオイル大さじ1／2を入れ、200度のオーブンで3〜4分焼くか、直火で水分がふつふつするまであたためる

4 つまようじを刺して器に盛る

そろそろ日本酒……となったら好みの酒盃で

「まめ多」では、カウンター正面に置かれた年代ものの小引き出し二杯に、酒盃がずらり。日本酒のオーダーを受けると、引き出しを抜いてお客様に見せ、好きな盃を選んでもらいます。引き出しの中身は季節ごとに入れ替えます。夏なら涼しげな染付や切子で冷酒、冬なら土ものや赤絵で熱燗を。女性の小さな手には華奢なつくり、男性には大ぶりの盃が似合います。季節やその日の気分に合わせて盃を選ぶのも、「まめ多」での楽しみのひとつです。

酒盃は材質や形状、色、模様などもさまざま。酒席が華やぐ自分好みの盃を見つけましょう

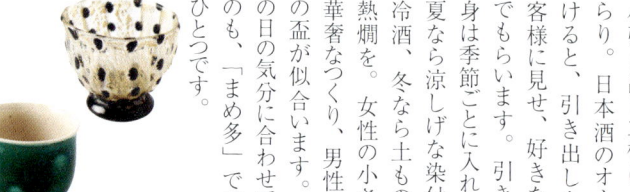

つい盃を重ねたくなる気の利いた一品

辛みや塩気をきかせて、さらにうま味に奥行を。

焼きごまどうふ

1 市販のごま豆腐1パック（小さいもの）を4等分に切り、片栗粉大さじ1弱を豆腐の各面に薄くつけて余分な粉をはたく
2 フッ素樹脂加工のフライパンに油をひかず、中火で各面を焼く
3 焦げ目がついたら皿に盛り、柚子こしょう適量を添える

干ししいたけの八角煮

1 ぬるま湯で戻した干ししいたけ4枚を軽くしぼり4〜5本に切る
2 1に片栗粉大さじ1をまぶし、サラダ油でカラッと揚げる
3 しいたけの戻し汁180ccにしょうゆ大さじ2、砂糖大さじ1〜2、八角1個と2を入れ煮る
4 汁が少々残る程度で火を止める
5 器に盛って白いりごまをふる

鯛の塩昆布添え

1 鯛の刺身（薄いそぎ切りにしたもの）6〜8切れを器に盛る
2 まつのはこんぶを刺身ひと切れにたいして3本くらいのせる

※大阪の料亭・花錦戸の「まつのはこんぶ」は、スッポンのだしで炊いた細切りの昆布。白身の魚や刺身をしょうゆなしでおいしくいただけます（118ページ参照）

季節を代表する食材は華やかな演出を

女将が大好きなたけのこ。小さな形を生かした調理法ではしりを味わう喜びが倍増します。

たけのこのゆで方

1 たけのこ（1本100グラムくらいのものを6〜7本）は皮をむかず切れ目も入れず、たけのこがつかるくらいの量の米のとぎ汁、鷹の爪2本を入れた鍋で20分ほどゆでたら、火を止めて冷ます（外気温が20度を超えたら、室温で置かず水につけた状態で冷蔵庫へ入れる）

2 冷めたら水洗いし、たけのこを密閉容器に入れて空気にふれないよう水につけ、冷蔵庫で保存する

※そのまま縦半分に切って皮をむき、わさびじょうゆで刺身にしても

たけのこ姿焼き

1 ゆでたたけのこ2本を皮ごと縦半分に切る。中の身を手で外し、食べやすいように縦に薄切りにして皮に戻す。熱したフッ素樹脂加工のフライパンで油をひかず焼き目をつける

2 水60ccを入れてフタをし、沸騰したらバター大さじ1、しょうゆ大さじ1、酒大さじ1を入れて煮詰まる前に火を止める。フライパンにソースが少量残るようにする

3 器に盛りつけ、ソースを上からかける。旬の野菜(菜の花、小ねぎ、あさつきなど)を小口切りにしてのせる

たけのこ寿司

1 ゆでたたけのこの皮をむいて6枚ほど拭いておく。たけのこ2本分の身を薄切りにする

2 だし汁(昆布と鰹節でとったもの。顆粒だしでも可)80cc、しょうゆ大さじ1、淡口しょうゆ大さじ1、みりん大さじ1とたけのこの身を鍋に入れて火にかけ、水分を飛ばすように煮る

3 炊きたてのごはん2合に昆布酢(117ページ参照)大さじ2、砂糖大さじ1、塩小さじ1／2ですし酢をうち、煮汁を切った2、甘酢しょうがの千切り大さじ1～2、奈良漬けのみじん切り大さじ1をさっくりと混ぜ合わせる

4 ごはんをたけのこの皮にのせて、たけのこの元の姿に似せて包む

豆皿、猪口、れんげ……小さな器を自在に楽しむ

料理の印象は、盛りつけでがらりと変わります。特におすすめするのが、小さい器を使うこと。普通の料理を特別なものに、昨日の残りものも別の表情に見せてくれます。用途にとらわれず、グラスや猪口、スプーンやれんげに一口の料理を盛って。大勢のお客様の時は、柄や形が揃っていなくても、大きさがだいたい同じなら気になりません。シンプルなプレートやお盆、板皿に並べると、小さな器の中身がいっそう引き立ちます。（写真一番下は、ほやの塩辛。他は左ページ参照）

(上)ピータンの透明感が染付の小皿にぴったり。濃厚なピータンには針しょうがをのせてさっぱりと

(左)れんげには、お箸では食べづらいものを。右は卵黄の味噌漬け。みりんでといた味噌に卵黄を漬け、冷蔵庫で2日ほど置く。左はコールドビーフ(84ページ)を煮こごりと一緒に

(右)水切りした豆腐をキッチンペーパーではさみ、塩こうじに4日ほど漬けると、とろりとした味わいに。豆腐は絹でも木綿でも。白が映える焼き締めの豆皿に

器の高低差や色合いも考えて

さわやかな初夏から夏の料理は、白磁や青磁、ガラスの盃に盛り、シンプルな白いプレートにのせて。ボリュームが人数分に足りない時や、残りものが半端な時も、小さな器で数種類お出しすれば、しゃれたおもてなしに。

上から、もずくとぶどうの三杯酢(56ページ)、糸うりとくらげの酢のもの(49ページ)、いか・枝豆・ミニトマトのねぎ油あえ(53ページ)

食材の魅力をとことん引き出す

定番のぬた以外に、前菜から〆のごはんまで。
余りがちな1パックのホタルイカを味わい尽くします。

ホタルイカと菜の花のぬた

1 ボイルホタルイカ6個の目を取って熱湯をかけ、そのままさます
2 菜の花2本を熱湯で1分ほどゆで、冷水にとって水気を切り3センチほどに切る
3 仙台味噌大さじ1、昆布酢大さじ1、みりん小さじ1〜2、砂糖小さじ1〜2、酒小さじ1、和からし小さじ2を混ぜ、器に盛った菜の花とホタルイカにかける

※仙台味噌の代わりに白味噌を使う場合は、白味噌大さじ1、酢大さじ1、酒小さじ1、からし小さじ1強を混ぜてからし酢味噌にします
※菜の花以外にあさつきやわけぎを使っても

ホタルイカのアヒージョ

1 直火可の耐熱皿にオリーブオイルを深さ3ミリぐらい入れ、バジルソース（市販品）大さじ1を加えて混ぜる
2 ボイルホタルイカ8〜10個の目を取る。1にホタルイカとアスパラガスの輪切り1本分を並べて、直火（中火）で3分ほど熱する
3 バゲットの薄切りなど、パンを添えて熱いうちに供する

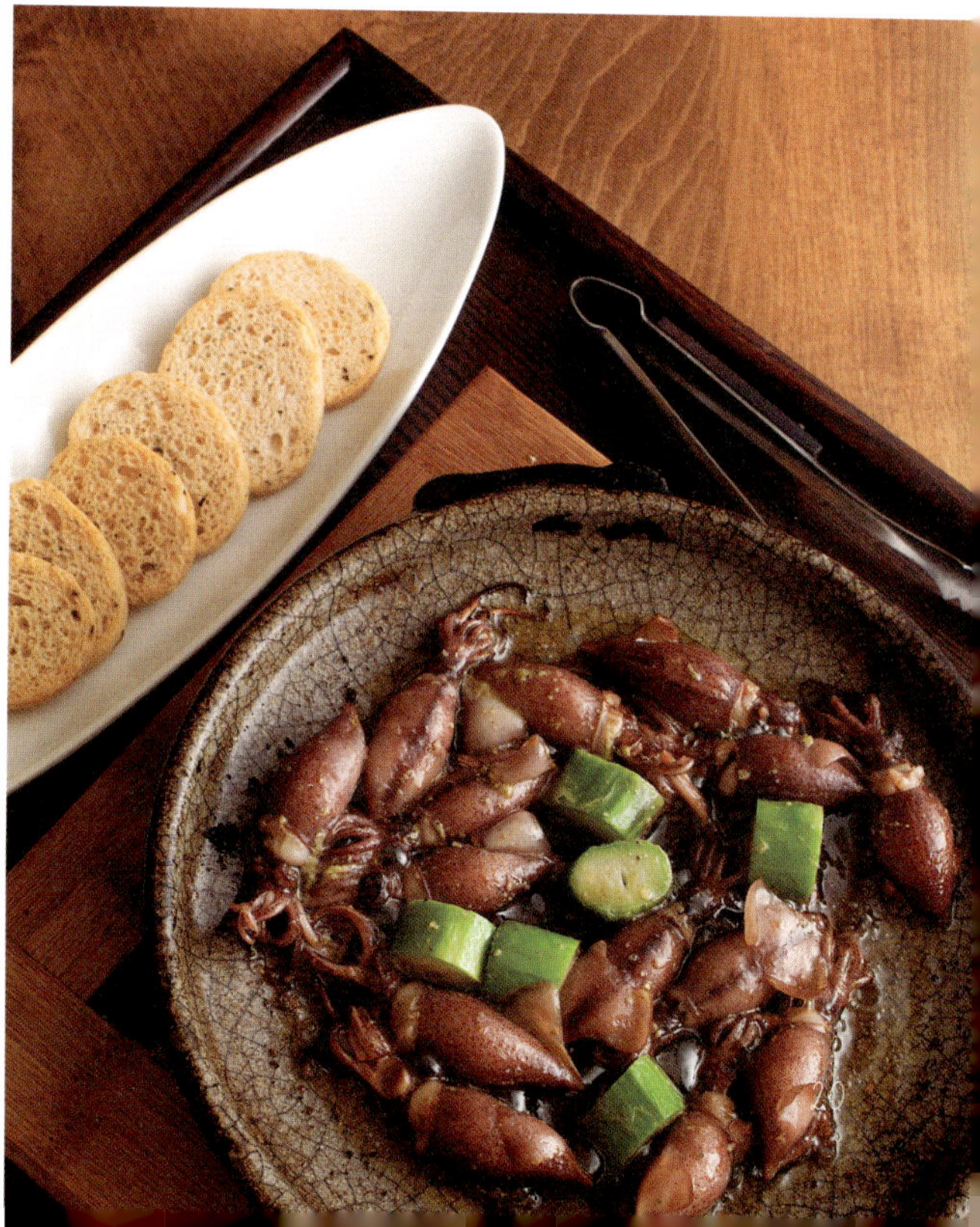

ホタルイカの白みそ漬け焼き

1 キッチンペーパーを縦長に置き、上半分に白味噌大さじ2〜3をぬり、下半分を味噌の上へ折り返す

2 ボイルホタルイカ12個の目を取り、1に並べてさらに半分に折る

3 ラップに包んで冷蔵庫に入れ半日以上おいたあと、ホタルイカをフッ素樹脂加工のフライパンで軽くあぶるか、直火で表裏15秒ずつ焼く

4 2個ずつをつまようじで刺す

ラップで巻いたところ。ホタルイカに白みそがしみこんで良い風味に

ホタルイカに白みそが直接触れないので、すぐに調理にかかれます

ホタルイカの炊き込みごはん

1 米1.5合をとぎ、だし汁（昆布と鰹節でとったもの）320cc、しょうゆ小さじ1、淡口しょうゆ大さじ1、みりん小さじ1、酒大さじ1、塩小さじ1と細い千切りにしたしょうが大さじ1を一緒に炊飯器に入れて炊く。

2 ボイルホタルイカ12〜16個の目を取る。1が炊き上がったらホタルイカを入れて10分ほど蒸らし、その後混ぜる。好みでしょうゆ少々をたらす

※だしは市販の顆粒だしでも可。その場合、水360ccにたいして小さじ1／2の顆粒だしを使う

季節の野菜で気軽に作る
クリームスープ　五種

なめらかな口当たりで、
彩りもきれいな野菜のクリームスープ。
まめ多では、コースのはじめのほうで、
お客様にほっとしていただく一品です。
夏は冷たく、冬は温かく。小さな器でお出しします。
ベースとなる〈基本のスープ〉はいつも冷凍庫に。
バリエーションには人参やかぼちゃ、
季節に合わせた豆類やとうもろこしなどを加えて、
アレンジを楽しみます。

〈基本のスープ〉

じゃがいもベースのスープに、季節の野菜を加えて

◆材料

玉ねぎ……中くらいのもの2個
サラダ油……大さじ1
じゃがいも……中ぐらいのもの2個
鶏スープ※……540cc
牛乳……180cc
※なければ水にブイヨンまたはコンソメスープの素で可

◆作り方

1 鍋に玉ねぎを5ミリくらいのスライスにしたものをサラダ油で透き通るまで炒め、1個を6等分くらいに切ったじゃがいもを加えて1分ほど炒める
2 鶏スープを加え、じゃがいもがやわらかくなるまで煮る
3 2をブレンダーでつぶし、ザルでこす
4 生クリーム大さじ1を加え、塩・こしょうで味を整える

〈バリエーション1〉

1と2までは同じ工程
じゃがいもにそれぞれの野菜を加えます

3 ■グリーンピースのスープ
グリーンピース100〜150グラムをゆでる
■そらまめのスープ
そらまめ100〜150グラムをゆでて皮をむく

4 〈基本のスープ〉2に、それぞれのバリエーションの3を加えてブレンダーでつぶし、ザルでこす
5 生クリーム大さじ1を加え、塩・こしょうで味を整える
※豆類はアクが出るので、ゆでてから入れると色がきれいに仕上がる

〈バリエーション2〉

1 〈基本のスープ〉と同様の手順で、じゃがいもの代わりにそれぞれの野菜を使用します

2 ■かぼちゃのスープ
かぼちゃ25グラムの皮をむいて3センチ角ぐらいに切り、1分ほど炒め、水を加えてやわらかくなるまで煮る
■人参のスープ
人参1本の皮をむいて3ミリほどの厚さに切り、2分ほど炒める

3 火が通ったらブレンダーでつぶし、ザルでこす
4 生クリーム大さじ1を加え、塩、こしょうで味を整える

◇ポイント

生クリームの代わりに、牛乳や無脂肪牛乳、豆乳でもOK。濃度は好みに合わせて牛乳で加減しましょう。ブイヨンやコンソメを使用する時は塩をひかえて。その他、〈バリエーション1〉には、ゆでた青菜やアスパラガスなども合います。〈基本のスープ〉に加え、ブレンダーで混ぜてこします。濃さは牛乳で、辛みは塩・こしょうで調整しましょう

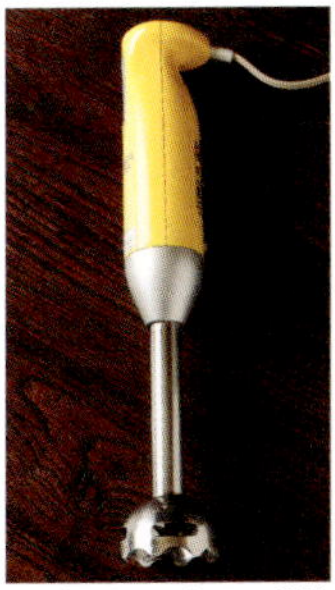

ハンドブレンダー。手持ちのボウルで食材をつぶすことができて便利

保存する時には、チャックのついた食品保存用袋に入れて冷凍庫へ。解凍すればいつでも手軽にスープを味わえる

春の料理

山菜や野菜が次々に旬を迎える春。
一年中ある野菜でも、新じゃが、春キャベツなど、
この時季だけのみずみずしさをまるごと味わいましょう。

春キャベツの塩昆布ホットサラダ

◆材料（2人分）

春キャベツ……3枚
塩昆布……大さじ1
［ドレッシング（市販のものでも）］
オリーブオイル……大さじ1
酢……大さじ1
塩……ひとつまみ

◆作り方

1 キャベツの芯は薄切り、その他は3～5センチ角にざっくり切る
2 耐熱ボウルに入れ、ラップをせず2分電子レンジにかける。その間にドレッシングを作る
3 2が熱いうちにドレッシングをかけ、手でもむように混ぜる
4 最後に塩昆布を混ぜて器に盛る

◇ポイント
菜箸で混ぜるだけでは味がなじまないので、必ず手でしっかりもみ込むこと。素手が熱ければゴム手袋や重ねたラップなどを利用する

女将のはなし(1)　春の料理

春の味覚はまず山菜

四季に恵まれた日本でも、その訪れがいちばん待たれるのは春ではないかしら――と思います。春の味覚といえば、まず山菜。うど、タラの芽、あぶらめ、こごみ、わらび、のかんぞう、つくし……。独特の苦みが身体を目覚めさせてくれます。

うるいは東北ではなじみ深い山菜で、初夏に薄紫の花が咲く「ぎぼうし」の新芽といえば、親しみのわく方もいらっしゃるでしょう。最近は東京のスーパーにも並びます。生のしゃきっとした歯ざわり、ゆがいた時のぬめり……「うるいとトマトのサラダ」(32ページ)のようなサラダ仕立てでも、おひたしでも、ぜひ味わってみてください。

てんぷら好きの方には、タラの芽やあぶらめがおすすめ。こたえられないほろ苦さです。つくしは、はかまを取って、「ふきの時雨煮」(28ページ)のように炒め煮に。白いごはんや酢飯に混ぜてもおいしいものです。

ふきは二～三月のふきのとうから、四～五月の葉や茎まで、時季を追って楽しみます。「ふきのとうと小柱の天バラごはん」(40ページ)は、早春を感じる取り合わせ。〆のごはんに、小ぶりの染付や色絵の飯茶碗にふんわりよそえば、思わず歓声があがります。

旬をむかえる貝料理

ばか、はしら、かき、はまぐりや、春の雪。

私の好きな久保田万太郎の句です。旬の貝の名前を並べただけなのに、思わず膝を打ちたくなる、なんて洒落た句でしょう。小料理屋でひとり盃を傾ける男性の姿まで目に浮かぶようです。

ばか貝の柱が小柱、身が青柳。青柳や赤貝は、ねぎやあさつきと酢味噌あえや、わかめと酢の物がおいしいですね。冬からが旬

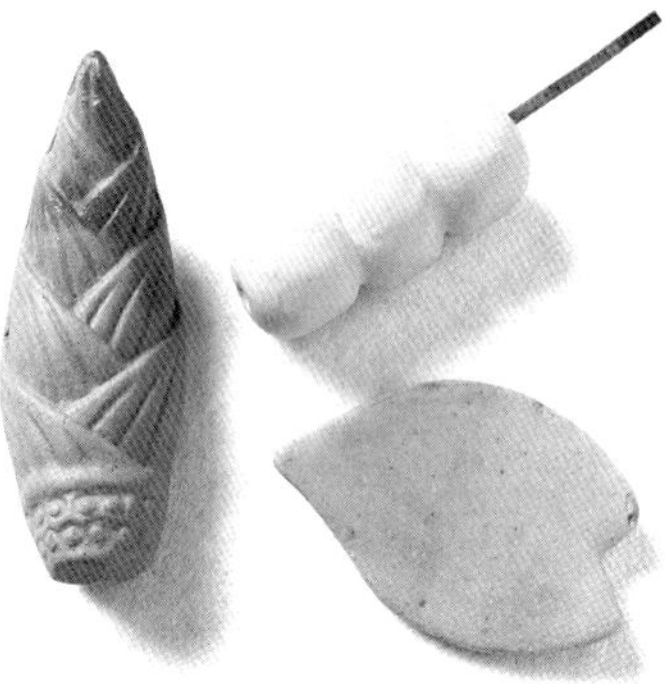

の牡蠣も、三月までは楽しめます。

魚介で早春の味わいといえば、ホタルイカ。定番のぬたはもちろんですが、それだけではもったいない。白味噌漬けやアヒージョ、炊き込みごはん（20～21ページ）、と前菜から〆まで、いい味を出してくれる、工夫しがいのある食材です。

同じく出回っている間じゅう楽しみたいのがたけのこです。九州で小さなたけのこが採れはじめる春先から、関東でずっしり重いものが採れる頃まで、そして東北地方の根まがり竹も……と、春いっぱい、手をかえ品をかえて、味わい尽くします。

桜を待つ心―はしり、旬、なごり

日本人が春を待つ心は、桜を待つ心でもあるのでしょう。桜前線が気になりはじめる頃、開花に先駆けて、料理に桜の花や葉の塩漬けを使います。お寿司や炊き込みごはんに、旬の鯛と合わせて飯蒸《いいむ》しに。白いごはんのおにぎりを桜の葉の塩漬けで包むだけでも、春の気分が味わえます。

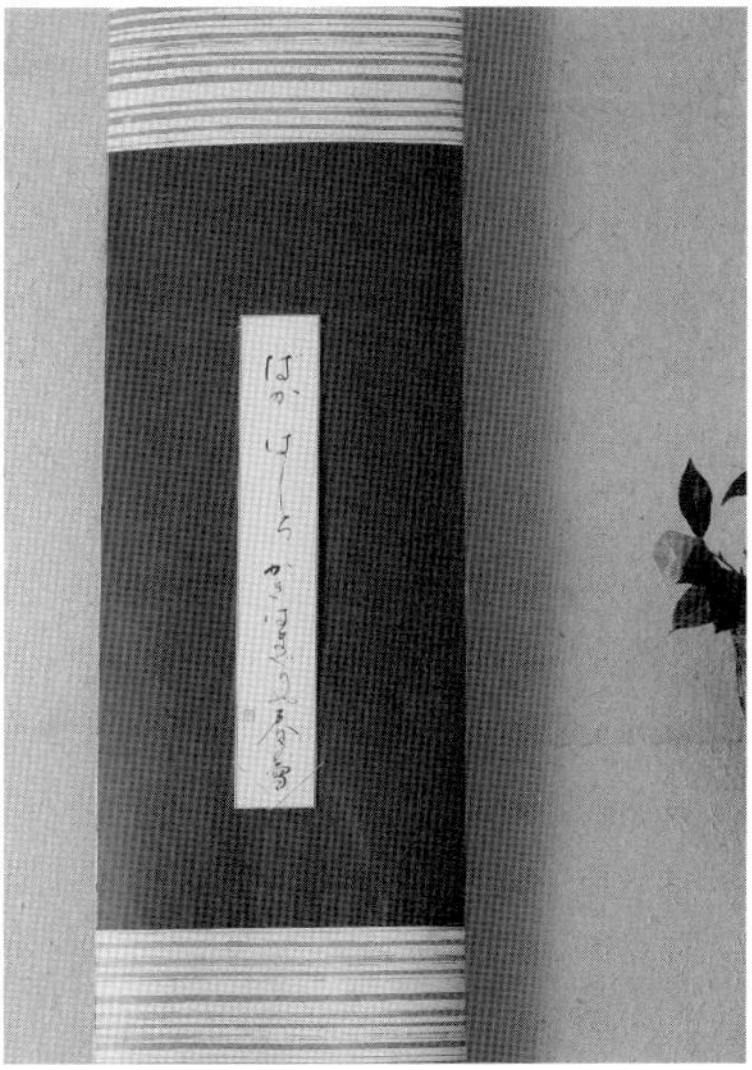

季節を少し先取りして「はしり」のものを取り入れ、間もなく時季が終わる「なごり」のもの、この時季なら牡蠣や生たらこなどを取り合わせる。そして旬のものは存分に味わう。四季の巡りに合わせた日本の料理は、ずっとその繰り返し。だからこそ、毎日の食卓には小さな変化が大切です。季節の移り変わりやその日の天気を敏感にキャッチして、今日はこれよ！　という料理がおすすめできると嬉しいですね。

ふきの時雨《しぐれ》煮《に》

（作り方30ページ）

時雨煮の名は、炒める音が
雨音のように続くことから。
強火で一気に！

ふきの葉のじゃこ炒め

（作り方30ページ）

定番のちりめん山椒に、
春ならではの苦みを添えて。
お酒もごはんもすすみます。

生たらこ煮つけ ふきの時雨煮添え

（作り方 31ページ）

新鮮な生たらこが手に入ったら、ぜひ作りたい一品。しょうがをきかせた煮汁でさっと煮ます。

たらこの煮汁入り卵焼き

（作り方 31ページ）

うま味たっぷりの煮汁を余さず使って、ぷちぷちの食感が楽しいだし巻きに。

ふきのゆで方

◆材料（1束分）

長ふき……3本ほど
水……ふきの長さに合う鍋に1リットルほど
塩……大さじ1ほど

◆作り方

1 長ふきは葉のところで切ったあと、茎は3等分ほどに切り、板ズリ（塩〈分量外〉をふり、まな板の上で転がす）をする

2 水を沸騰させて塩を入れる。先にふきの葉の方を入れ、次に茎の方を入れて、3分ほどゆでたあと流水にさらす

3 冷めたら皮をむき、さらに水につけておく（あくを抜くため）

4 葉も同様に流水にさらしてからしぼって、細かくきざむ。葉は冷凍も可

ふきの時雨煮

◆材料（1束分）

長ふき（ゆでたもの）……3本
みりん……50cc
白しょうゆ……大さじ2〜3
鷹の爪（輪切り）……ひとつまみ
ごま油……小さじ1
酒……大さじ1
しょうゆ……小さじ1

◆作り方

1 ふきは1本1本太さが違うので、均一になるよう斜め切りにする。太いところは薄く、細いところは厚く切る

2 大きめの鍋を熱し、ふきをからいりして水分を飛ばしたら、みりんを入れる

3 この水分がなくなる頃、白しょうゆ、鷹の爪、ごま油の順に入れる

4 酒を鍋肌から入れて常にシャアーという音が聞こえるよう強火で炒める

5 最後にしょうゆを香りづけに入れる

◇ポイント

時雨煮の名称は、鍋でシャアーという炒める時の音が雨音のように続くことが由来。強火でサッと手早く仕上げること

ふきの葉のじゃこ炒め

◆材料（2人分）

長ふきの葉（ゆでて、きざんだもの）……大さじ1〜2
じゃこ……ひとにぎり
青山椒……10粒
サラダ油……大さじ1
しょうゆ……大さじ1
酒……大さじ1
白ごま……適宜

◆作り方

1 フライパンにサラダ油を熱し、ふきの葉とじゃこ、青山椒を1分ほど炒める。途中でしょうゆと酒を入れる

2 器に盛り白ごまをかける

生たらこ煮つけ　ふきの時雨煮添え

◆材料（2人分）
生たらこ……1腹
［煮汁］
だし汁……360cc
（小さい鍋で）
淡口しょうゆ……大さじ2
砂糖……大さじ1
みりん……大さじ2
酒……大さじ1
しょうがの皮……大さじ1
ふきの時雨煮……適量

◆作り方
1 生たらこはサッと洗ってから1腹を6等分ぐらい（小さければ4等分）に切る
2 煮汁の材料を鍋に沸騰させ、たらこの薄皮をひっくり返すようにして鍋に入れる
3 たらこが花を咲かせるように広がったら、アクを取り、たらこにさわらぬよう煮汁をかけまわしながら煮る
4 煮汁が透き通り、たらこの色が変わったところで火を止める
5 器に煮汁とともによそい、28ページの「ふきの時雨煮」（作り方は右ページ）を添える

◇ポイント
器へ盛りつける時には、ふきの時雨煮、あるいはゆがいた菜の花をたらこの煮汁につけてから添えるのもよく合います

たらこの煮汁入り卵焼き

◆材料（2人分）
〈生たらこ煮つけ　ふきの時雨煮添え〉の煮汁（たらこの煮崩れたところも）……60cc
片栗粉……小さじ1／2
卵……3個
サラダ油……適量

◆作り方
1 煮汁に片栗粉を入れて混ぜる
2 1と卵を混ぜる（卵の白身を切るように）
3 サラダ油を十分なじませた卵焼き器に卵汁を入れ、中火で4～5回で巻き終える

◇ポイント
卵焼き器を使う時には、余分な油はキッチンペーパーに吸わせ、このペーパーで薄く油をひいていきます

うるいとトマトのサラダ

（作り方34ページ）

くせがなく、生でもおいしいうるい。
しゃきっとした歯ざわりをサラダ仕立てで。

こごみのごま酢あえ

（作り方34ページ）

青々とした山菜や春野菜に合う、コクのあるあえごろも。
好みの味噌で甘辛さを塩梅《あんばい》して。

アスパラマヨ焼き（作り方35ページ）

バターと柑橘の風味でオランデーズソース風に。シンプルながら、飽きない組み合わせの定番の味。

アスパラガスのキッシュ（作り方35ページ）

卵など常備食材で作るお手軽キッシュ。ゆでアスパラを目先の変わった一品に。

うるいとトマトのサラダ

◆材料(2人分)

うるい……4本
トマト……中型1個
［ドレッシング］
オリーブオイル　または
ガーリックオイル
(116ページ参照)…小さじ1
昆布酢……小さじ1
(117ページ参照)
柚子こしょう……小さじ1

◆作り方

1 うるいは3センチほどの長さに切って水に放す。トマトは皮を湯むきして櫛形に切る
2 1を冷やしておく
3 ドレッシングの材料を混ぜる
4 2と3をあえる

◇ポイント
うるいとトマトを冷やしておくと味わいがひきたちます

こごみのごま酢あえ

◆材料(2人分)

こごみ……100グラム
塩……適量
［ごま酢］
ねりごま(ピーナッツバターでも可)……大さじ1
味噌……大さじ1／2
砂糖……大さじ1
昆布酢……大さじ1
(117ページ参照)
みりん……大さじ1

◆作り方

1 こごみは固いところを落とし、3センチほどの長さに切る。塩ゆでして冷水にさらし、水分を切る
2 ごま酢の材料をすり鉢であたる(なめらかな味噌ならボウルで混ぜてOK)
3 ごま酢を、食べる直前にあえるか、上からかける

◇ポイント
味噌の塩分によって、砂糖の量を好みで変えましょう。こごみの代わりに他の野菜でも可。アスパラガス、さとうざや、スナップエンドウ、菜の花、うるい、せりなどでも

アスパラマヨ焼き

◆材料（2人分）
アスパラガス……4本
バター……大さじ1
マヨネーズ……適量
レモン または オレンジ…1かけ

◆作り方
1 耐熱皿に、1分ほどゆでて1／2に切ったアスパラガスを並べる
2 バターとマヨネーズをかけ、200度のオーブンで10分焼く
3 食べる直前にレモン、オレンジなどをしぼる

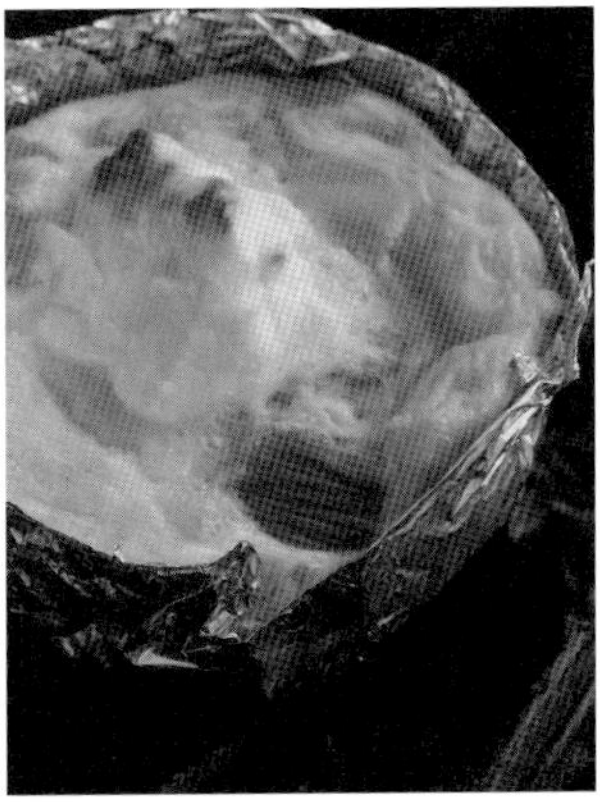

アスパラガスのキッシュ

◆材料（2人分）
アスパラガス……2本
バター……大さじ1
A
卵……1個
生クリーム
（プレーンヨーグルトの水分を切ったものでも可）…大さじ1
クリームチーズ……大さじ1
塩・こしょう……少々

◆作り方
1 アスパラガスは一口大あるいは2センチほどに切ってバターで炒める
2 耐熱皿に1とAを混ぜたものを入れて200度のオーブンで10～12分焼く

◇ポイント
塩ゆでしたアスパラガスが残った時にも役立つ料理です。耐熱皿がない場合は、アルミホイルに餃子の皮、または春巻の皮を敷き、1、Aを入れて同様に焼いても

〈上〉新しょうがの春巻
（作り方38ページ）

新しょうがときゅうりで風味も食感もさわやか！
1／2枚の皮で包み、軽い口当たりに。

〈左〉新じゃがのおやき（作り方38ページ）

千切りをそのままじっくり焼きつけ、
新じゃがのうま味を閉じ込めます。
ベーコンの塩気と黒こしょうをきかせて。

〈右〉フルーツトマト丸ごとスープ
（作り方39ページ）

フルーツトマトの旬は早春から春。
ぎゅっと詰まった甘みとうま味を丸ごと味わう、
肌寒い日にもぴったりのスープです。

〈下〉フルーツトマトゼリー（作り方39ページ）

冷蔵庫に作りおきして、ひんやりと。
旬の新玉ねぎも一緒に。

新しょうがの春巻

◆材料(1人分2本×2人分)
春巻の皮……2枚
きゅうり…1/2本
新しょうが(細い千切り)
……大さじ1.5
小麦粉……少量
サラダ油……適量
塩……適量

◆作り方
1 春巻の皮は斜め半分に切って、三角形の一番長い辺を底辺として置き、手前側に千切りにしたきゅうりと細い千切りにした新しょうがをのせる。左右の角を中央へ向かって折ったあと奥へ巻いていく。この時えんぴつよりちょっと太いスティックを作るつもりで巻く。巻き終わりに水でといた小麦粉をつけてとめる
2 フライパンに深さ5ミリほどサラダ油を入れ、中温で両面がきつね色になるように揚げたら塩をふる

新じゃがのおやき

◆材料(2人分)
新じゃがいも(細切り)
……1個分
ベーコン(細切り)……1枚
サラダ油……適量
オリーブオイル または バター
……大さじ1
黒こしょう……適宜

◆作り方
1 ベーコンをサラダ油で軽く炒める
2 じゃがいもは水にさらさず1に加えて、フライパンで中火で3分ほど、フタをして蒸し焼きにする。ひっくり返してさらに3分蒸し焼きにする
3 軽く焦げ目がついたらオリーブオイルまたはバターをのせ、皿に移す。好みで黒こしょうをふる

フルーツトマト丸ごとスープ

◆材料（2人分）

フルーツトマト……2個

A 玉ねぎ・人参・セロリ・ベーコン（キャベツの芯・しいたけなどでも。みじん切り）…各大さじ1

サラダ油……小さじ1

水……540cc

コンソメ（固形）……1個

塩・こしょう……少々

◆作り方

1 サラダ油でAを1分炒めたら、水とコンソメを入れて3分ほど煮る

2 フルーツトマトのへたを取って皮ごと入れ、さらに5分ほど煮る

3 トマトの皮がつるんとむけてきたら火を止め、むけた皮を取りのぞく。塩・こしょうで味を整える

◇ポイント

フルーツトマトは直径5～7センチのものを。へたを取って煮ると、皮がつるんとむけます。煮すぎないように注意

フルーツトマトゼリー

◆材料（2人分）

フルーツトマト……2個

ゼラチン……小さじ1

水（ゼラチンをふやかすためのもの）……大さじ1

水……360cc

コンソメ（固形）……1個

塩・こしょう……少々

新玉ねぎ（みじん切り）……大さじ2

オリーブオイル……小さじ1

レモン……適宜

◆作り方

1 小鍋でゼラチンを水で10分ほどふやかし、水、コンソメを入れて熱する（ゼラチンが鍋の底で焦げてしまわないようスプーンなどで混ぜる）

2 ゼラチンがとけたら、湯むきしたフルーツトマトを加えて完熟なら3分、ふつうの硬さのトマトなら4～5分煮る

3 塩・こしょうで味を整えたら、密閉容器などに移し、冷蔵庫で1時間ほど冷やす

4 玉ねぎは布巾で水気を切り、器にトマトを入れ、ゼリーと玉ねぎを上にのせてオリーブオイルをたらす。好みでレモンをしぼる

◇ポイント

フルーツトマトは小さめのものを選びましょう

花わさびのポン酢漬け

（作り方42ページ）

花の時期だけの味を、ポリ袋で手軽に。
苦みを出さずに辛みを引き出します。

ふきのとうと小柱の天バラごはん

（作り方42ページ）

早春を感じる組み合わせ。
低めの温度で色よく揚げます。

生わかめの韓国風サラダ

（作り方 43ページ）

わかめの旬は春。磯の香りにごまの風味をきかせます。
盛りつける直前に手であえるのがコツ。

伊予柑ゼリー

（作り方 43ページ）

出盛りの柑橘類をたっぷり使い、
リキュールやブランデーで大人の味わいに。

花わさびのポン酢漬け

◆材料(2人分)

花わさび……1束

塩……適量

ポン酢……大さじ3

しょうゆ・酢・みりん各大さじ1でも可

◆作り方

1 花わさびを洗って3センチほどに切り、ザルに入れて熱湯をかけたあと色どめに塩をする。すぐ氷水に取る

2 水を切ってポリ袋に入れ、上から強くもんでたたく。こうすると、辛みが出る

3 2にポン酢を入れて全体になじませ、冷蔵庫で半日以上冷やす

4 冷蔵庫で半日以上〜1週間ほどが食べごろ

◇ポイント

1週間ほどが食べごろです。花わさびは春の一時のもの。ゆでては苦みが出てしまうので注意。瓶や密閉容器で作る場合は、花わさびが漬かるぐらいにポン酢を入れること

ポリ袋で簡単に味付けと漬けおきを。漬けた日数によって花わさびの色合いも変化します

ふきのとうと小柱の天バラごはん

◆材料(2人分)

ごはん……2膳分

ふきのとう……小4個

小柱……大さじ2

薄力粉……大さじ1

水……大さじ1

サラダ油……80cc

塩……適量

白ごま……小さじ1

◆作り方

1 ふきのとうは葉を細かくちぎる。花も4等分ぐらいにちぎって、小柱と一緒にボウルへ入れる

2 1と薄力粉を合わせたら、水を加えてさっくりと手早く混ぜる

3 フライパンに油を熱し、少し傾けて、2を1／3ずつ入れ、すくい網でキッチンペーパーを敷いたバットにあげる(かき揚げではないので、まとめる必要はなし)

4 ボウルに熱いごはん、揚げたふきのとうと小柱を入れ、塩をふりつつ、菜箸で混ぜる。仕上げに白ごまをかける

◇ポイント

油の温度は低め。最初にふきのとうをひとひら入れ、油の表面でゆっくりはじけるくらいであることを確認。ふきのとうの緑がきれいに出るように揚げます

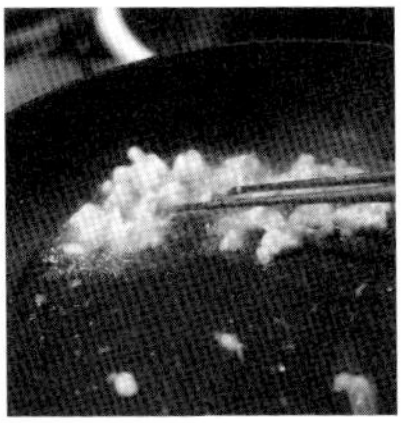

フライパンの端に寄せて揚げると、少量の油で手軽に揚げ物ができます。傾けすぎてコンロの火が回らないよう注意

生わかめの韓国風サラダ

◆材料（2人分）

生わかめ……30～50グラム
サニーレタス……2～3枚
玉ねぎ……1／4個
きゅうり（薄切り）…1／2本
長ねぎ（みじん切り）…大さじ1
ごま油……大さじ1
塩……小さじ1／3
白ごま……適量

◆作り方

1 玉ねぎを薄くスライスして水にさらす。生わかめはゆでて一口大に切る。サニーレタスは洗って一口大に手でちぎる

2 1の水気を切って大きめのボウルに入れ、きゅうり、長ねぎ、ごま油、塩を入れて手で混ぜ合わせる

3 食べる直前に白ごまをふる

◇ポイント

材料を手で混ぜ合わせることによって、食材に味がしみ込みます

伊予柑ゼリー

◆材料（2人分）

ゼラチン……大さじ1
水（ゼラチンをふやかすためのもの）……大さじ2
伊予柑のしぼり汁＋水
……1個分＋水で180cc
砂糖……50～80グラム
伊予柑のほぐし実……2個分

◆作り方

1 ゼラチンを水で10分ほどふやかし、伊予柑のしぼり汁と水を加えて火にかけ、砂糖を入れてとけたら火を止める
（ゼラチンが鍋の底で焦げてしまわないようスプーンなどで混ぜながら火にかける）

2 密閉容器に伊予柑のほぐし実とあら熱の取れた1を入れ、冷蔵庫で2時間ほど冷やす

3 ゆるめのゼリーなので、スプーンなどで器に盛る

◇ポイント

1で香りづけにラム酒や梅酒、ブランデーなど大さじ1を入れても。伊予柑の他にオレンジ、グレープフルーツ、はっさく、甘夏など、柑橘系ならなんでもOK。甘みが違うので砂糖の量はそれぞれで加減します

押さえておきたい！

料理のツボ(1)

だしの使い方

店ではいつも、ご紹介する「基本のだし」と、花かつおでとるだしの二種類を使い分けています。本枯節《ほんがれぶし》、昆布、干ししいたけでとる基本のだしは、花かつおのだしよりも力強く、家庭で煮物やめんつゆに使いやすいだしです。

花かつおは、かつおをゆでて燻製にした「荒節《あらぶし》」を削ったもの、本枯節は荒節にカビを付けて熟成させた風味深い極上の削り節です。

まとめてとって冷蔵や冷凍もできますが、時間がない時は、市販のだしの素で作る「簡単だし」を使いましょう。大切なのは、「基本のだし」と「簡単だし」の味の違いを知っておくこと。飲み比べると、だしの素はうま味も甘みも強く、塩分もあります。顆粒のまま料理に入れると、つい多く入れがちですが、下記の程度の濃度で十分です。

基本のだし

◆材料（約600cc分）
本枯節（厚削り）……40グラム
昆布……20センチ
干ししいたけ……2枚
水……1リットル

◆作り方
鍋に水、昆布と干ししいたけを入れて火にかける。沸騰したら昆布を引き上げ、本枯節を入れる。沸騰させたまま10～15分煮て火を止め、ザルでこす
※花かつおでとるだしの場合は、花かつおを鍋に入れたあと沸騰したらすぐ火を止め、鍋底に沈んだらザルでこす

簡単だし

◆材料
顆粒だし……小さじ1／2弱
水……360cc

◆作り方
鍋に水を入れて火にかけ、顆粒だしを入れてとかす

味見は何度でも

料理で大切なのは、味を見ること。野菜なら、火を通す前に味や硬さを確認して、何をプラスしたらいいか考えます。

味をあれこれ足すよりも、ゆでて塩だけがおいしいことも。レシピの調味料の分量や調理時間は目安と思って、その日の食材に合わせて、何度でも味を見て仕上げましょう。

煮魚など、そのものの味を見られない場合は、下ごしらえで身に切れ目を入れるなど、火が通りやすく、味が入りやすくなる工夫を忘れずに。

調味料と味の決め方

順番は「さしすせそ」が基本と覚えたと思います。砂糖やみりんなど、甘みをつける調味料は最初に入れますが、同じ野菜でも季節や品種によって甘さが違います。最初は甘みを控えめにして、後で味見をして足りなければプラスします。塩味のつき方は、食材の温度によっても違います。あたたかいうちにまぶすとなじみやすくなります。味噌もしょうゆも、各家庭の好みで甘さや辛さが違いますから、それによって砂糖や塩の分量を加減しましょう。

鍋と火加減

意外におろそかになりがちなのが、鍋使い。素材や料理に適した鍋を選びます。この塊《かたまり》肉ならどれ、トマトを箱で買ってソースにするならあれ、と買い物をする時点で家にある鍋を思い浮かべて買いましょう。

洋風の煮込み料理には、厚手の寸胴鍋が最適です。アルミの浅い大鍋では時間がかかり、均一に煮えません。

フライパンは鉄もいいのですが、フッ素樹脂加工のものは手入れがしやすく、油の量が控えられるという利点もあります。

野菜のゆで物や煮物は雪平で。青菜のように土から上になるものはお湯から、根菜のように土から下になるものは水からゆでるのが基本です。

食材の組み合わせ

お酒がすすむおつまみのコツのひとつは、明太子とクリームチーズや生ハムとぶどう（10ページ）、ピータンとピーマンなど、塩気やクセの強いものと、プレーンで淡泊なものを組み合わせること。残りがちな調味料、足が早いもの、冷蔵庫の隅で眠っているものなどを生かすことも考えます。しけはじめたのりは、のりわさび（12ページ）に。ひじきの煮物の残りは、水切りした豆腐で白あえに。食材がなくて困った時ほど、意外な組み合わせを思いつくものです。

ピーマンとピータン炒め

◆材料（2人分）

ピーマン（千切り）……2個
長ねぎ（みじん切り）……大さじ1
ピータン……1個
サラダ油……大さじ1／2
塩……ひとつまみ

◆作り方

1 ピーマンと長ねぎをサラダ油で7割ほど火が通るまで炒める
2 5ミリ角に切ったピータンを加え、塩をふり、さらに炒める

押さえておきたい！

料理のツボ(2)

通年手に入る野菜も、季節や産地によって味は変わるもの。ひとつの野菜でも、先端と根元、外側と中心部で、硬さや甘みが違います。身近な大根を例に、特徴をわかりやすくご紹介。適材適所においしく使い切りましょう。

大根一本、こう使う

季節によって違う味

大根の旬は冬。甘みも水分もたっぷり詰まっています。その違いは、生で食べてみるとわかるはず。辛みの強い夏大根は、おろしそばなどでさっぱりいただくのに向いています。冬は甘みを生かしてふろふき大根やおでんに。夏に大根を煮るなら、甘みを少し足しましょう。

部位の特徴

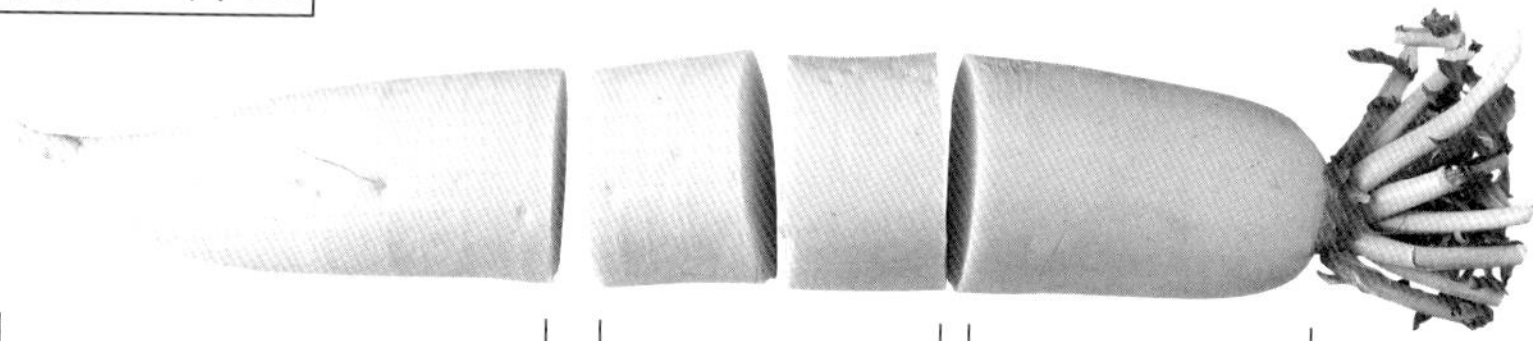

頭（葉に近い部分）は甘みが強く、硬いので、おでんなどの煮物や炒め物に。皮が緑色の部分はビタミンCも豊富です。

真中は甘みもあり、水分が多くやわらかい部分。煮物以外に生でサラダや浅漬けなどに向いています。薄い輪切りに梅肉をサンドしたり（11ページ）、レモンの輪切りをはさんで塩をつけて。

しっぽ（根に近い部分）に近づくほど辛みが増すので、この部分は大根おろしに。栄養をのがさず皮ごとすりおろします。

皮も捨てずに千切りにしてきんぴらやはりはり漬け風に。箸休めにいい常備菜になります。

切り方

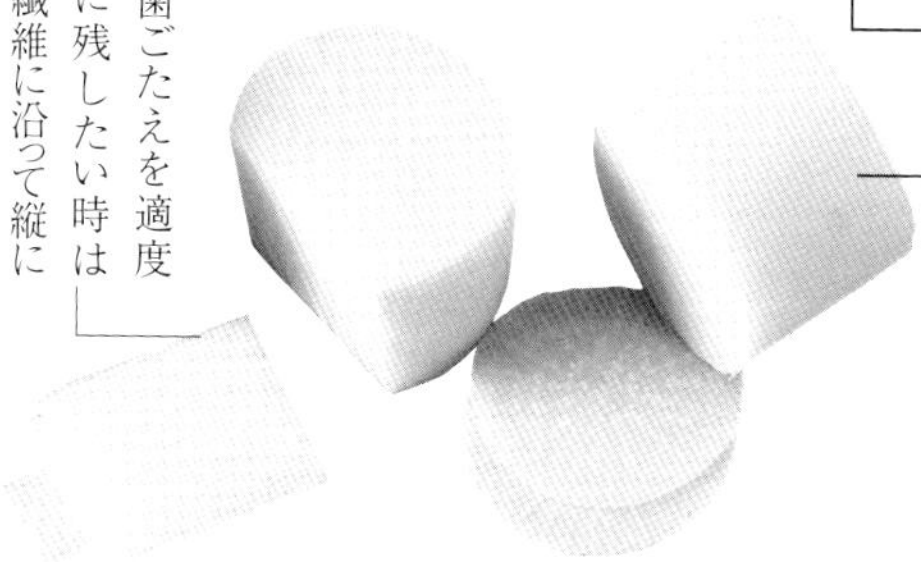

火を入れる時は輪切りにして繊維を断ち切れば早く煮えます

歯ごたえを適度に残したい時は繊維に沿って縦に切ります

※人参、ごぼう、蓮根など、他の根菜も同じ

大根の皮のきんぴらも、
夏と冬で調味料の量を変えます。

大根の皮きんぴら

◆材料(2人分)

大根の皮(千切り)……1/2本分
人参(千切り)……大根の皮の量の1/3以下
干ししいたけ(水で戻し千切り)……2枚
干ししいたけの戻し汁……50cc
サラダ油……大さじ1弱
みりん……大さじ2〜3
しょうゆ……大さじ2
鷹の爪(輪切り)……ひとつまみ
水　または　酒……大さじ1
白いりごま……小さじ1

◆作り方

1 鍋にサラダ油を熱し、大根の皮、人参、干ししいたけ、干ししいたけの戻し汁を入れて強火で3分ほど炒める

2 1にみりんを入れて炒め、大根の皮を味見する。辛みがあれば、みりん大さじ1を足す。水分がとんだらしょうゆを加え、味がいきわたったら鷹の爪を入れる

3 大根の皮に硬さがあるようならば、水または酒大さじ1を鍋肌から入れ、鍋肌についているしょうゆをこそげ取るように炒める

4 最後に白いりごまを入れて仕上げる

夏の料理

夏は涼味がなによりのおもてなし。
さっぱりと酸味をきかせ、のどごしのよいものを
ひんやりと透明感のある器でお出しします。

糸うりとくらげの酢のもの

◆材料（2人分）

糸うり……1／4個

刺身くらげ（市販品）…50グラム

［合わせ酢］

酢……大さじ2

しょうゆ……大さじ1

みりん……大さじ1

◆作り方

1 糸うりは十字に包丁を入れ4分割して種をスプーンなどでくりぬき、糸うり全体がつかる湯を沸騰させて10分ほどゆでる

2 ボウルを用意し、フォークなどを使って端から繊維に沿って糸状にほぐす

3 冷めた糸うりとくらげを合わせ酢であえる

◇ポイント

糸うりはゆですぎると糸状にならないので、ゆで時間に気をつける。フォークで楽に糸状にほぐれる時に湯から引き上げる

刺身くらげは歯ごたえがよく、料理にみずみずしさを添えてくれるおつまみには欠かせない食材。まとめ買いしてもいい（118ページ参照）

糸うりは別名「そうめんかぼちゃ」とも呼ばれる。大振りなので、切り分けて種を取り、ゆでて調理する

ゆでたらフォークでこそげ取りボウルへ。糸のような状態になっている

女将のはなし(2)　夏の料理

ガラスの鉢に夏野菜を盛って

「まめ多」では、店に入るとすぐに目がいくカウンターの盛り籠に、季節の素材をいろどりよく盛っています。夏ならカウンターに座るお客様の目の前に、氷水を入れた鉢が。真っ赤なトマトや、丸々とした水なすが並びます。

店ですから、折々の花も欠かしませんが、旬の新鮮な野菜も立派に季節を感じさせてくれるしつらいのひとつです。「おいしそうだね」「これ、どうやって食べるの?」お客様とのそんな会話が、その日の料理を決めることもあるんですよ。

買った食材を冷蔵庫にしまい込んで、うっかり忘れてしまうことってありますよね。野菜や果物はキンキンに冷やさなくていいのですから、氷水をはった鉢で冷やして、見えるところに置いてみましょう。家庭でも家族やお客様との会話がきっとはずみます。

暑い季節には、ガラスや白磁、青磁など、涼しげな器の出番が多くなります。笹や青いもみじ、あじさいの葉など、自然のものも身のまわりにたくさんあります。

写真の、夏の生物をモチーフにした竹細工は福島県郡山市の遠藤悦雄さんの作品で、箸置きや飾りにしています。いつもの器に一枚、水で濡らした葉を添える。皿やお盆に葉を敷いて、その上に料理を盛りつける。どうしたら涼しいと感じていただけるか、それを考えることが、夏のもてなしの心だと思うのです。

さっぱり味と元気の出る味

「まめ多」のいつものおもてなしの序盤は、前菜、そして野菜メインの小鉢を三、四品。夏はとりあえずの冷えたビールとともに、ここでさっぱりした酢の物などを召し上がっ

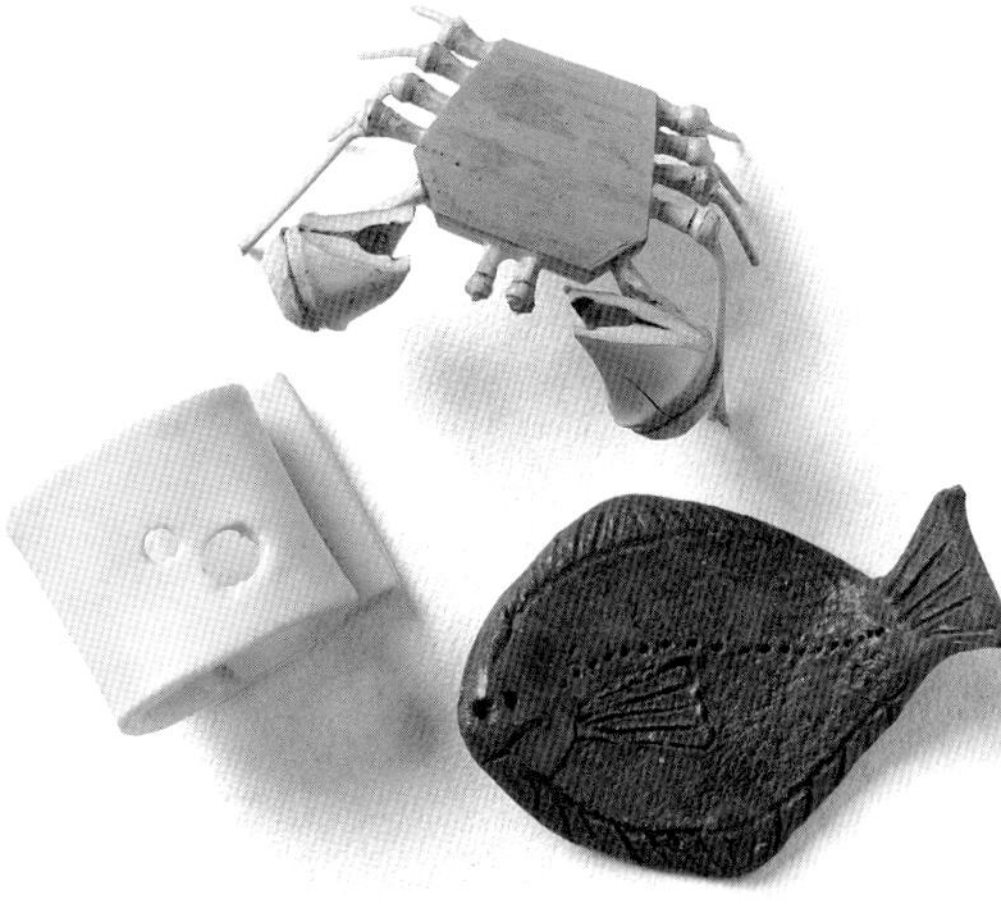

て、ほっと一息ついていただきます。

三杯酢にはだしをとって……とむずかしく考えなくても大丈夫。たとえばところてんに、千切りや小さなさいの目に切ったきゅうりや山芋を入れて、小鉢でお出しすれば立派な前菜になります。夏は料理をする人もなるべく涼しく。市販のところてんのたれや、めんつゆも上手に使いましょう。

この本で今回ご紹介しているねぎ油（53ページ）、「まめ多」の「自家製おりこう調味料」の梅酢、フライドガーリック、にんにくしょうゆ（116〜117ページ）も、夏に食がすすむさっぱり味や、スタミナ料理を助けてくれます。

火を使わず、元気のつくものを——という時は、市販の揚げものもお助け食材です。唐揚げを熱々に温めなおして、塩をしたゴーヤーとあわせた「ゴーヤーとチキンのサラダ」（56ページ）は、きゅっとレモンを絞ってさっぱりと。今ではすっかり人気の夏野菜となったゴーヤーは、元々暑い沖縄のものですから、夏ばてに効く栄養素が詰まっています。苦みが苦手という方には、「ゴーヤーつくだに」（53ページ）がおすすめ。苦みがやわらぎ、保存もきいて重宝します。

ぜひ味わいたい旬の魚

夏の到来を告げる魚といえば、鮎。初夏の稚鮎《ちあゆ》から初秋の落ち鮎まで、築地の馴染みの魚屋さんで手に入れます。鮎料理というと、店で食べるものと思いがちですが、ぜひご家庭で試していただきたいのは一夜干し（60ページ）。養殖の鮎は、むしろ開いたほうが脂が落ちて、さっぱりといただけます。

夏が旬の鮎やアジ、カマスなどの干物を使った冷や汁（60ページ）は、お酒のあとにもさらさらといただけて、食欲が落ちる夏にぴったりの〆に。夏向きのごはんものといえば、土用でおなじみのうなぎも欠かせません。蒲焼を皮目からカリッとオーブンで焼いて細切りにして、炊きたてのごはんに混ぜてひつまぶしに。大葉、白ごまなどをたっぷり混ぜ込めば、スーパーで手に入るお手頃の蒲焼一枚が、立派なごちそうになります。

〈上右〉
水なすのたたき
〈上左〉
きゅうりのたたき
（作り方54ページ）

旬の夏野菜と香味野菜をさっぱりと。なすときゅうりは叩いて手で割ると味がなじみやすくなります。

〈左〉
なすそうめん
（作り方54ページ）

細切りにしたなすを、そうめんに見立てて。片栗粉でつるりとしたのどごしに。

ゴーヤーつくだに

（作り方55ページ）

苦みがおいしいゴーヤーは、鰹節と相性ぴったり。松の実とごまをアクセントに。

いか・枝豆・ミニトマトのねぎ油あえ

（作り方55ページ）

あつあつの油を長ねぎにかけるだけの「瞬間ねぎ油」。香りと風味で食材のうま味が引き立ちます。

水なすのたたき　きゅうりのたたき

◆材料（2人分）
水なす……1本
きゅうり……1本
みょうが（千切り）……1個
しょうが（千切り）…1／2かけ
大葉（千切り）……1枚ずつ
しょうゆ……小さじ1
塩……小さじ1／2

◆作り方
1 水なす、きゅうりはポリ袋に入れてすりこぎで上からたたく
2 割れたら、さらに手で一口大に割る
3 水なす、きゅうりをそれぞれ別のボウルに入れ、みょうが、しょうが、大葉の千切り、しょうゆ、塩を加えて手で強くもむ

なすそうめん

◆材料（2人分）
長なす……1本
じゅんさい……大さじ1
片栗粉……大さじ1
めんつゆ（市販品）……大さじ1
おろししょうが……適量

◆作り方
1 めんつゆに水（材料外）を足し、好みの濃さにして冷やす
2 なすは皮をむいて、縦に千切りにし、水にさらしたらザルで水を切り、片栗粉をまぶす
3 たっぷりのお湯に2を入れ軽く菜箸でさばき、15秒ゆでて流水にさらす。氷水にサッと通し、ザルにあげて器に盛る。1のめんつゆをはり、じゅんさいとおろししょうがをあしらう

◇ポイント
なすはできるかぎり細く切り、すぐ水にさらしましょう。ゆでたてを冷やして、早めに食べて。じゅんさいの代わりに小口切りのオクラでも

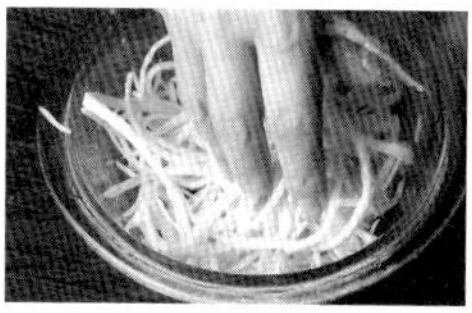
なすの千切り全体へいきわたるように片栗粉をまぶして混ぜましょう

じゅんさいは独特なパッケージ。袋入りは開けたら器に移し替える。お味噌汁の具にも合う

ゴーヤーつくだに

◆材料(2人分)

ゴーヤー……1本
塩……小さじ1
A
砂糖……大さじ4
しょうゆ……大さじ2
酢……小さじ2
削り節……5グラム
松の実……適量
白いりごま……適量

◆作り方

1 ゴーヤーは縦半分に切り、種を取りのぞいて2~3ミリの厚さにスライスして塩をふる
2 ゴーヤーを熱湯で15秒ほどゆがいたら、ザルにあげて水を切り、手でぎゅっとしぼる
3 鍋にAと、ゴーヤーを入れて煮る
4 汁気がなくなるまで煮詰め、削り節を加え、松の実、白いりごまを混ぜる

いか・枝豆・ミニトマトのねぎ油あえ

◆材料(2人分)

枝豆(ゆでてさやから出したもの)……20粒
いか(刺身用の切り身)……10切れ(30グラム)ほど
ミニトマト(黄色いものもあるとよい。1/4に切る)…2~3個
サラダ油……大さじ1
長ねぎ(みじん切り)……大さじ1
塩……少々

◆作り方

1 枝豆はさやと薄皮を取る。いかは細く切れ目を入れてザルに並べ、熱湯をかけたら冷水にさらす
2 ボウルの片側に長ねぎ、反対側に1を入れる。サラダ油を熱し、長ねぎにかける
※この時長ねぎがジュワーッと音を立てることが大切
3 塩を加え、全体をざっと混ぜて味見しながら塩加減を整える

◇ポイント
いかを湯通しするひと手間で、驚くほどふくよかな歯ごたえになります。冷凍いかを使っても

〈右〉
もずくとぶどうの三杯酢
（作り方58ページ）

夏の疲れをいやす、涼味あふれる前菜。
定番のもずくの三杯酢に
ぶどうの甘みがよく合います。

〈左〉
ゴーヤーとチキンのサラダ
（作り方58ページ）

市販の唐揚げでさっと一品。
ちょっと食べごたえのある
おつまみがほしい時に。

〈右〉
かつおと新玉ねぎのサラダ

（作り方59ページ）

初夏を告げる「はしり」のかつおに、新玉ねぎと新わかめを合わせます。レモンがさわやかなドレッシングで。

〈左〉
トマトカレーパスタ

（作り方59ページ）

旬のトマトをたっぷり使い、スパイスを効かせた夏向きの味。

もずくとぶどうの三杯酢

◆材料（2人分）

生もずく……50グラム
皮をむいたぶどう（デラウェア）……10粒ほど

［三杯酢］
酢3
だし2
みりん1
白しょうゆ1

◆作り方

1 生もずくを流水で洗って食べやすい長さに切る
2 水気を切ったもずくを三杯酢に漬けて冷蔵庫で冷やす
3 器に盛って、ぶどうをのせる

◇ポイント
三杯酢は他にも応用できるので、この比率を覚えましょう。市販のもずく酢なら、ぶどうをのせるだけでできます

ゴーヤーとチキンのサラダ

◆材料（2人分）

ゴーヤー……1／4本
塩……小さじ1／2弱
鶏胸肉の唐揚げ……100グラムくらい
※唐揚げは市販のものを使えば、とても簡単に出来上がります
レモン または すだち……適量

◆作り方

1 ゴーヤーは縦半分に切り、薄切りにして塩をしておく
2 鶏の唐揚げは一口大にする（熱い方がおいしい）
3 2の上にゴーヤーをのせてレモン、すだちなどを添える

かつおと新玉ねぎのサラダ

◆材料（2人分）

かつお……1／4本

新玉ねぎ……1／2個

新わかめ（一口大に切ったもの）……大さじ2〜3

［ドレッシング］

にんにくしょうゆ…大さじ2

オリーブオイル……大さじ1

レモンのしぼり汁…小さじ1

おろしにんにく（好みで）……小さじ1

◆作り方

1 柵取りされた皮つきのかつおなら、まな板に皮目を下にして置き、頭の方から一口大にそぎ切りする。この時皮はつけない

※かつおの腹の方を使う場合は、寄生虫がいることもあるので、皮目に焼き目をつけてからそぎ切りにした方がよい

2 わかめはゆでて、玉ねぎはごく薄くスライスしてともに冷水にさらし、水気を切る

3 器にかつおを並べ、上に混ぜ合わせた2をのせて、混ぜ合わせたドレッシングをかける

◇ポイント

ドレッシングは別添えにして、つけながらいただいても

トマトカレーパスタ

◆材料（2人分）

パスタ……100グラムほど

トマト（完熟）……500グラム

松の実……大さじ2

オリーブオイル……大さじ1

しょうが・にんにく（みじん切り）……各大さじ1

クミン……大さじ1

コンソメ（顆粒）……大さじ1

チリパウダー（お好みで）……小さじ1〜大さじ1

コリアンダー……小さじ1

塩……大さじ1

※隠し味として、梅酒の梅やジャムを入れてもよい

◆作り方

1 へたを取ったトマトと松の実をブレンダーにかける

2 鍋にオリーブオイル、しょうが、にんにく、クミンを入れて、香りがたつまで30秒ほど炒める

3 2に1、コンソメを加えて、強火で煮る

4 透明な上澄みが出てくるまで煮込んだら火を弱めて、チリパウダー、コリアンダー、塩を加える

5 パスタをゆでて盛った器に4を適量かける

◇ポイント

トマトの甘みで仕上がりが違ってきます。3で味を見て、甘みが足りないようなら砂糖やジャムを入れましょう。硬めに炊いたごはんと合い、冷製パスタにしても。冷凍OKなので、トマトが安い時にまとめて作りましょう

あゆの一夜干し

(作り方62ページ)

脂が多い養殖のあゆは、開きにしたほうがあっさりといただけます。

あゆの冷や汁

(作り方62ページ)

一夜干しはこんがり焼いて香ばしく。さわやかな香味野菜と黒七味をきかせて。

夏野菜キヌアサラダ（作り方63ページ）

食感がユニークで高栄養の雑穀、キヌア。
ピリッと辛みをきかせたバルサミコ酢ソースで。

揚げなすゼリー寄せ（作り方63ページ）

市販のめんつゆで簡単に。
揚げたなすに、たっぷりふくませ冷やします。

あゆの一夜干し

◆材料(2人分)
あゆ……2尾
塩……小さじ1
すだち……1個

◆作り方
1 あゆは背開きにして内臓を取る
2 両面に塩をふってしばらくおき、キッチンペーパーで水気を拭き取る
3 2をざるに広げて干す。雨天などですぐ干せない時は、キッチンペーパーにはさんで余分な水分を取り、ポリ袋などに入れ冷蔵庫へ。晴天時にかげ干し3時間ほどで可
4 グリルで焼く。器に盛り、半分に切って種を取りのぞいたすだちを添える

◇ポイント
干したら冷凍も可。1枚ずつラップで包んで保存し、1か月くらいで食べきりましょう。干したあゆは、そのまま素揚げにしても。または切ってから衣をつけて天ぷらに

あゆには高い位置から塩をまんべんなく両面全体にふる

あゆの冷や汁

◆材料(2人分)
あゆの一夜干し……2尾
(あじの干物などでも可)
だし……240cc
味噌……適量
[薬味]
おろししょうが……小さじ1
みょうが・長ねぎ・きゅうり
(輪切り)……各適量
黒七味……適宜
(118ページ参照)

◆作り方
1 あゆを焦げ目がつく程度に焼き、骨や硬いところは取りのぞく
2 熱しただしに味噌をといて味噌汁程度に整え、冷やしておく
3 1のあゆの身と2の汁をブレンダーにかける
4 食べる直前に器に盛り、氷を浮かべて薬味をのせる

◇ポイント
そのままいただいても、そうめんのつけ汁にしても。熱いごはんにも合います

夏野菜キヌアサラダ

◆材料（2人分）
キヌア……大さじ1
水……360cc
塩……少々
ガーリックオイル…小さじ1／2
（116ページ参照）
なす（みじん切り）……1／2本
塩・こしょう……少々
玉ねぎ（みじん切り）…大さじ1
セパレートタイプのドレッシング
（市販のもの）……適量
※〈春キャベツ塩昆布ホットサラダ〉（25ページ）のドレッシングでも
ミニトマト……4個
（湯むきして1／4に切る）
バルサミコ酢……大さじ1
タバスコ……小さじ1／2
すだち（半分に切る）……1個

◆作り方
1 玉ねぎを水にさらしておく
2 なすをガーリックオイル（分量外）で炒め、塩・こしょうを少々ふる
3 キヌアを水で15分ゆで、ザルにあげる。ボウルに移し、熱いうちに塩少々とガーリックオイルを混ぜておく
4 布巾でしぼった玉ねぎとミニトマトをドレッシングであえる
5 セルクル（リング形の型）を皿の中央に置き、スプーンで2、3、4の順に詰めてセルクルを外す
6 バルサミコ酢とタバスコを周囲にかけ、すだちを添える

キヌアは南米アンデスで古くから食されている、栄養バランスに優れた穀物

揚げなすゼリー寄せ

◆材料（2人分）
なす……2本
サラダ油……適量
だし……120cc
ゼラチン……小さじ1
水……大さじ1
めんつゆ（市販品）……大さじ2
おろししょうが……適量

◆作り方
1 なすを縦半分に切り、サラダ油で揚げる
2 小鍋でゼラチンを大さじ1の水で10分ほどふやかし、めんつゆ、だし、1を加えて2分ほど煮る
3 2を密閉容器などに移し、冷蔵庫で冷やす
4 器に盛りつけてから、最後におろししょうがを上にのせる

◇ポイント
フライパンに少し多めの油を入れて揚げてもOKです

とうもろこしの炊き込みバターライス

（作り方66ページ）

とうもろこしは直火で焼いて。
バターしょうゆ味が
食欲をそそります。

だしのせ冷奴

（作り方66ページ）

夏野菜と香味野菜の
「だし」は山形の郷土料理。
一晩ねかせると
味がよく
なじみます。

新しょうがの炊き込みごはん

（作り方67ページ）

香りもごちそう！
新しょうがのやわらかな辛みを楽しんで。

しょうがプリン

（作り方67ページ）

ふるふるの食感、しょうがの辛みが
口いっぱいに広がる大人のデザート。

とうもろこしの炊き込みバターライス

◆材料（2人分）

米……1.5合
鶏スープ または コンソメスープ
（コンソメなら固形1個+水）
……360cc
皮つきのとうもろこし……1本
しょうゆ……大さじ1
バター……大さじ1

◆作り方

1 米はといでざるにあげ30分ほどおいてから炊飯器に入れ、鶏スープ、またはコンソメスープを硬めに炊きあがるように水加減する
2 とうもろこしは皮をむいたら直火で焦げ目をつけ、実をそいで米の上にのせ、炊飯器のスイッチを入れる
3 炊き上がったらしょうゆ、バターを入れて混ぜ、10分ほど蒸らす

だしのせ冷奴

◆材料（2人分）

豆腐……1丁
［だし野菜］
なす……1本
きゅうり……1本
みょうが……1個
長ねぎ……3センチ
しょうが……大さじ1
白しょうゆ……大さじ2

◆作り方

1 野菜は大きさをそろえたみじん切りにしてポリ袋に入れ、白しょうゆを加え、少しもむ
2 冷蔵庫で一晩ねかす
3 豆腐を器に盛って、2をのせる

新しょうがの炊き込みごはん

◆材料(2人分)

米……1.5合
鶏スープ　あるいは　かつおだし
……360cc弱
淡口しょうゆ……大さじ2
みりん……大さじ1
しょうゆ……小さじ1
新しょうが(極細の千切り)
……大さじ3

◆作り方

1 米をといでざるにあげ30分ほどおいてから炊飯器に入れ、鶏スープ、またはかつおだしを加える
2 炊飯器の1.5の目盛りより少しひかえめに水加減し、淡口しょうゆ、みりん、しょうゆを加える。最後にしょうがの千切りをのせて炊飯器のスイッチを入れる

◇ポイント
土鍋などで炊く場合は、炊飯器の場合より15%増の水加減にする

しょうがプリン

◆材料(2人分)

しょうが汁(中国産のもの。皮つきのまますりおろしたしぼり汁)
……大さじ2
牛乳(成分無調整のもの)
……120cc
砂糖……大さじ2〜4
皮をむいたぶどう(デラウエア)
……4粒

◆作り方

1 鍋に牛乳と砂糖を入れて80度くらいまで熱したら火を止め、しょうが汁を加える
2 2つの器へ1を二等分に流し入れ、冷蔵庫で冷やす
3 最後にぶどうを上にのせる

◇ポイント
しょうがは中国産の新鮮なものを使い、牛乳はあたためすぎないこと。冷やした時に固まりません

築地で買い出し(1)

食材の仕入れは築地で

「築地では、とびきり新鮮な季節のものに出合えるから」。魚、野菜、珍味に乾物、そしてなくてはならない商売道具の包丁まで、長年信頼を置くなじみの店に通います。

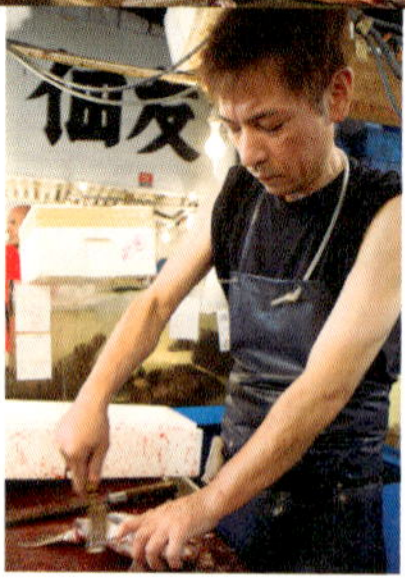

佃友〈場内〉

鮮魚ならここ。一流店がこぞって仕入れる品揃え。15年くらいのおつきあいです。ふぐの「みがき（内臓や皮を取りのぞいたもの）」の扱いもあり、鮮魚は活け〆にしてくれます。

築地 正本

〈場内〉魚がし横丁

老舗包丁店。定期的に研ぎをお願いしています。茶懐石料理を習いはじめた二十代の頃から使い続けています。

北晃水産

〈場内〉

築地へ買い出しに通いはじめた頃からのおつきあい。魚卵や珍味が豊富で、塩鮭の扱いもあります。

※築地は〈場内〉と呼ばれるプロの業者への販売を行う公設の築地市場と、場内に隣接する施設の〈場外〉商店街が集まる場所です。

つま竹

〈場内〉魚がし横丁

業者向けに仕入れ品のとりまとめをしてくれる、旬の野菜の店。調味料も揃っているので便利です。こんにゃくも良い品があります。

丸山海苔店

〈場内〉魚がし横丁

海苔とお茶の専門店。お寿司屋さんでも使われている「まつり芽茶80」は、色が美しく出て味わい深い逸品です。

塩田商店〈場外〉

豆、乾物など充実の品揃え。炊いた時の仕上がりが違います。おせち料理に作る黒豆も、一級品が揃っています。

築地で買い出し(2)

「つま竹」はもともとわさびなどの「つまもの」を扱う店。この日はわさび、水なす、枝豆などを。

日本でどこよりも早く、季節に先駆けた食材が並ぶのが築地市場。長年、通い続ける理由はそこにあります。小走りに場内を回りながら目を光らせていると、必ずそんな食材に出合うもの。さあ、どうやって召し上がっていただこうか、とわくわくします。

店をはじめた頃、築地に顔のきく、なじみの寿司店の方に紹介していただいて以来三十年。女一人の小さな店でも皆さん信用してくださって、おかげでいいおつきあいを続けてこられたと思います。

魚卵や珍味を扱う「北晃水産」さんは、通いはじめた最初からのおつきあいです。「こういうのないかしら」と相談したり、「おいしいですよ」とすすめていただいたり。長年通ってなじみになれば、電話のやりとりだけで、確かなものを配達して

プロ仕様の和包丁だけでなく家庭で使いやすい洋包丁もそろう「正本」。消しゴムのようにこすって錆を落とす「さびとり」も便利。

春の稚鮎から楽しんできた鮎も、
梅雨明け間近の7月になれば
まさに旬。「佃友」で。

鮭、たらこ、いくら、ウニ、ホヤ、その他垂涎の
水産加工品、珍味が並ぶ「北晃水産」。

もらえるのも、プロ相手の仲卸のいいところ。週に一度は必ず出掛け、支払いがてら、それぞれのお店から色々な情報をいただいて、自分の目で見て仕入れます。

男性のための料理教室を開いているので、土曜日には生徒さんたちを案内して買い出しにも出掛けます。最近では若い女性の生徒さんも増えました。土曜日の築地は見学の方も多く、普段とはまた違う活気があります。

生きている魚を目の前でさばいてくれるのも築地ならでは。その朝、市場に届いたものが、都内の店より新鮮なうちに手に入りますから、やはり通わずにいられません。

食材の買い出しを楽しみましょう！

※築地市場〈場内〉の水産物部仲卸業者売場の見学者の立入は午前9時から。場内には立入禁止区域があります。関連事業者棟（魚がし横丁エリア）は早朝から飲食店を利用でき、物販品の買い物ができます。ただし、プロの方々の妨げとならないようにしましょう。

秋の料理

あたたかい料理が恋しくなる秋。
ふたを取ると、湯気が
ほわっと立つ蒸し料理は
それだけでごちそうです。

もち米しゅうまい

◆材料(10個分)

もち米……1／2合

A
- 豚ひき肉……100グラム
- 玉ねぎ(みじん切り)…50グラム
- 片栗粉……大さじ2
- しょうが(みじん切り)……大さじ1
- オイスターソース……大さじ1
- 塩こうじ……大さじ1
- こしょう・五香粉……各適宜

ねりからし……適量

◆作り方

1 もち米は2~3時間水につけておき、ざるにあげて水気を切る

2 Aの材料を混ぜ合わせ、よく練り、一口大(1個15グラムくらい)の団子状に丸める

3 もち米をバットなどに広げ、2の肉団子を転がすようにしてまぶす(押しつけてもち米が肉団子の中に入ってしまわないように)

4 蒸気の上がった蒸し器にクッキングシートなどを敷いて3を入れ、もち米がやわらかくなるまで強火で7分ほど蒸す

※この状態で冷凍保存も可

5 ねりからしを添える

◇ポイント

肉団子をやや縦長に作ると、蒸し上がった時にきれいな球形になります

ねぎワンタン

◆材料(2人分)

餃子の皮……6枚

水……適量

A
- 豚ひき肉……100グラム
- 玉ねぎ(みじん切り)…50グラム
- 片栗粉……大さじ2
- しょうが(みじん切り)……大さじ1
- オイスターソース……大さじ1
- 塩こうじ……大さじ1
- こしょう・五香粉……各適宜

ポン酢・ラー油……各適量

長ねぎ(白髪ねぎ)……適量

◆作り方

1 Aの材料を混ぜ合わせ、よく練る

2 餃子の皮に1をティースプーン1杯くらいずつのせ、皮のふちに水をつけて半円に折る

※水をつけるのは皮のふち半分。折ったら指で押さえ、両端に水をつけて端同士をくっつけ、帽子のような形にする

3 2を沸騰した湯に入れてゆで、浮き上がって30秒経ったらすくう

4 水気を切って器に盛り、ポン酢とラー油を好みで混ぜてかけ、白髪ねぎをのせる

◇ポイント

餃子の皮でつくることでもちもち感が出る。大勢でいただく時には、食卓の土鍋でゆでながら味わうのもよいでしょう

※この二つの料理は同じ肉ダネ(材料A)で作れます。具材の調理法を変えてバリエーションを味わいましょう

女将のはなし(3)　秋の料理

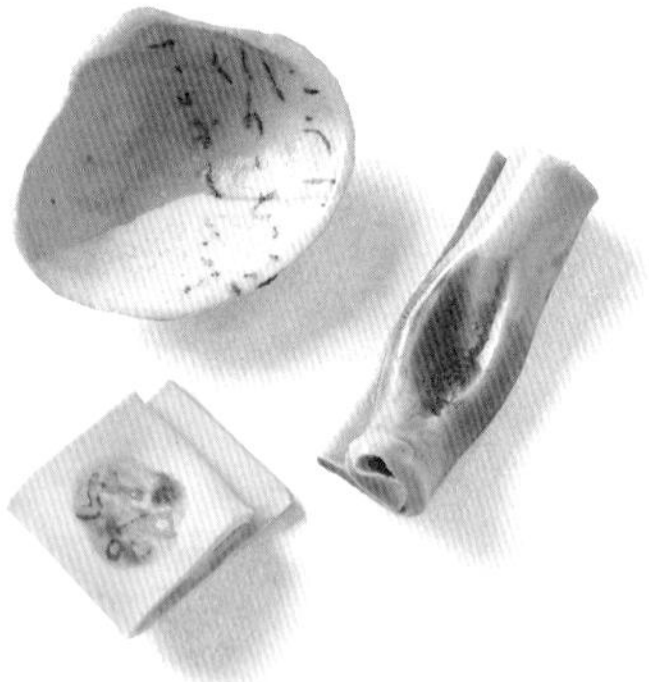

実りの秋は食材が充実

秋は山海の恵みが豊かな季節。九月のお月見に、つきものの料理といえば「衣《きぬ》かつぎ」です。お供えにする里いもの小芋を皮ごとゆでて、頭の部分の皮をちょっとむいて。その姿かたちを、女性が衣装を被った姿に見立て、しゃれた名前で呼ばれます。これと枝豆があれば、もう熱燗が欲しくなります。

枝豆は、品種によっては九月に旬を迎えます。暑い時季は塩ゆでにビールが最高ですが、秋風が立つ頃なら、すりながしやクリームスープ（22ページ）、ずんだあん（89ページ）でデザートにするのもいいものです。

初秋の枝豆や秋なすにはじまり、山芋や里芋、さつまいもや栗……と、深まるにつれて、旬を逃さぬように楽しみたい食材が出回る秋。一度は味わいたい松茸はもちろん、露地物のしめじや舞茸も、秋ならではの味覚です。和洋中の料理に使えるのがきのこのいいところで、シンプルなホイル焼きも、日本酒の代わりにワインを使うだけで、洋風のおつまみになります。

秋刀魚《さんま》料理あれこれ

海の幸で、秋の味覚といえば、秋刀魚ですね。塩焼き以外にも調理法は色々あります。脂がのりきらない時季なら、三枚におろして薄いそぎ切りにして、玉ねぎのスライスと一緒ににんにくしょうゆで。おろした半身を皮をひいてぶつ切りにしてたたき、長ねぎとしょうがのみじん切り、味噌、ごま、松の実と混ぜて、朴の葉にのせて焼けば朴葉焼き。帆立貝の殻にのせれば山家《さんが》焼きです。

定番の塩焼きも、三枚におろしてくるくると巻いてようじで留め、オーブンで焼くと食べやすくなります。見た目もきれいで、ちょっとよそ行きの塩焼きです。ほかのおかずもあれこれつまみたい時に、一尾を仲良く二人で半身ずつ、というのもいいですね。秋刀魚はやはりはらわたがおいしい、という方には、おろした時にわたをとっておいて、フライパンで崩しながらしょうゆとしょうがを入れてソースにして添えます。

手間をかけた煮込み料理を

秋から冬は、時間をかけた料理も作りやすい時季です。「牛すねコールドビーフ」（84ページ）は、週末など余裕がある時に仕込んでおきたいもの。スライスしてそのままいただくだけでなく、ソース味の炒めごはん「コールドビーフソースライス」（85ページ）に、スープに入れたくず野菜と一緒に本格ビーフカレーに、そしてスープもさまざまな料理のベースにと、自在に展開できます。

まめあじの南蛮バルサミコ酢

（作り方78ページ）

バルサミコ酢と黒糖で、しっかりしたコクのある南蛮漬けに。

かぼちゃ焼きめんつゆマリネ

（作り方78ページ）

自家製昆布酢と市販のめんつゆで手軽に。かぼちゃの甘みに酸味が合います。

肉じゃがブンブン焼き

（作り方79ページ）

肉じゃがの残りを洋風のオーブン焼きに。
甘辛味にチーズがからんで満足感ある一品。

まめあじの南蛮バルサミコ酢

◆材料（2人分）
まめあじ……12尾ほど
玉ねぎ（スライス）……1／2個
小麦粉……適量
サラダ油……適量
水……90cc
黒糖……大さじ2
バルサミコ酢……大さじ3
鷹の爪（輪切り）…1本

◆作り方
1 まめあじは頭を切り落とし、内臓を取って水分を拭き、小麦粉を軽くつけて、中温に熱したサラダ油で揚げる
2 鍋に水、黒糖、バルサミコ酢、鷹の爪を入れて熱する
3 1と玉ねぎに2をかけて漬け込む

◇ポイント
稚あゆ、わかさぎ、白身魚の切り身、刺身、かじきまぐろ、太刀魚、鶏などで代用可。密閉容器などに入れ冷蔵保存して、2日ぐらいは日持ちします

かぼちゃ焼きめんつゆマリネ

◆材料（2人分）
かぼちゃ（5ミリ～1センチの薄切り）……1／4個
玉ねぎ（薄切り）…小1／2個
サラダ油……大さじ1
A
めんつゆ（市販品）…大さじ2
昆布酢（117ページ参照）……大さじ1
鷹の爪（輪切り）……少々
白いりごま……適量

◆作り方
1 フッ素樹脂加工のフライパンにサラダ油をひいて、かぼちゃの両面に焼き色をつける
2 Aに1と玉ねぎを漬け込む。器に盛り白いりごまをふる

◇ポイント
すぐに食べても可。次の日もおいしくいただけます

肉じゃが

◆材料（4人分）

A
- しらたき……小1袋
- しょうゆ……大さじ1
- みりん……大さじ1

牛肉（コマ切れや切り落とし・豚肉でも可）……100グラム

B
- サラダ油……大さじ1／2
- しょうゆ……大さじ2
- 砂糖……大さじ2

玉ねぎ（繊維に沿って5ミリくらいのスライス）……小1／2個
じゃがいも（皮をむいて6等分に乱切りし、水につける）……中2個
だし汁……360cc
しょうゆ……大さじ2
みりん……大さじ2

◆作り方

1 しらたきを湯びきしてざるにあげ、食べやすい長さに切る。鍋でからいりして水分が飛んだら、Aのしょうゆとみりんで味をつけておく

2 別の鍋にサラダ油を熱して牛肉を炒め、色が7割くらい変わったらBのしょうゆと砂糖で味をつけて、1の鍋に移す

3 空になった2の鍋に玉ねぎとじゃがいもを入れて1分ほど炒め、だし汁を材料の2／3がかぶるくらい入れて、強火で煮込む

4 じゃがいもに6割ほど火が通ったら、みりんとしょうゆを加え、さらに5分ほど煮て、1の鍋のしらたきと牛肉を入れる。全体を3～5分ほど煮る

女将のもうひとつの店「おふくろの味 ねぎ」で出している、「お客さまから教えていただいたメニュー」

肉じゃがブンブン焼き

◆材料（2人分）

肉じゃがの残り……じゃがいも4切れくらいと他の具材
ピザ用チーズ……大さじ2～3

◆作り方

1 肉じゃがの残りを耐熱皿に入れ、ピザ用チーズをかけて200度のオーブンで10分焼く

2 チーズに焦げ目がついたらできあがり

◇ポイント

チーズは塩分のあるもの（ゴーダやチェダーなど）とプレーンなもの（モッツァレラなど）2種類を混ぜるといっそうおいしいです

焼きしいたけと三つ葉の柚子こしょうあえ

（作り方82ページ）

しいたけの香ばしさと三つ葉の香りに柚子こしょうがぴったり。お酒がすすみます。

鯛のおぼろ昆布〆

（作り方82ページ）

おぼろ昆布を白い髭に見立て、翁《おきな》あえとも呼ばれます。なるべく薄い昆布を使って。

えのきと明太子のミルク煮

（作り方83ページ）

ミルクでまろやかになった明太子が
えのきにからんで意外なおいしさ！

山芋のおやき

（作り方83ページ）

精進料理で蒲焼にも使われる山芋。
塩昆布が味の決め手です。

焼きしいたけと三つ葉の柚子こしょうあえ

◆材料（2人分）
しいたけ……2枚
三つ葉……小1束
柚子こしょう……小さじ1

◆作り方
1 しいたけは焼いて薄切りにする
2 三つ葉はサッとゆでて、3センチの長さに切る
3 しいたけと三つ葉を柚子こしょうであえる

◇ポイント
根三つ葉のある時季は、ぜひ使って。冬場は、三つ葉の代わりにほうれん草を使ってもおいしくいただけます

鯛のおぼろ昆布〆

◆材料（2人分）
鯛の刺身……8〜10切れほど
おぼろ昆布……ひとつまみ
大葉……2枚
ねりわさび……適量

◆作り方
1 おぼろ昆布をかわいたまな板の上に広げ、刺身をくるむ
2 大葉を敷いた器に盛りつけ、ねりわさびを添える

◇ポイント
すぐに盛りつけてもよいが、ラップをかけて冷蔵庫に入れておくと、翌日に味がなじんでおいしい。鯛以外の白身魚や、白えび、甘えびなどでも。おぼろ昆布はなるべく薄いものを使うこと

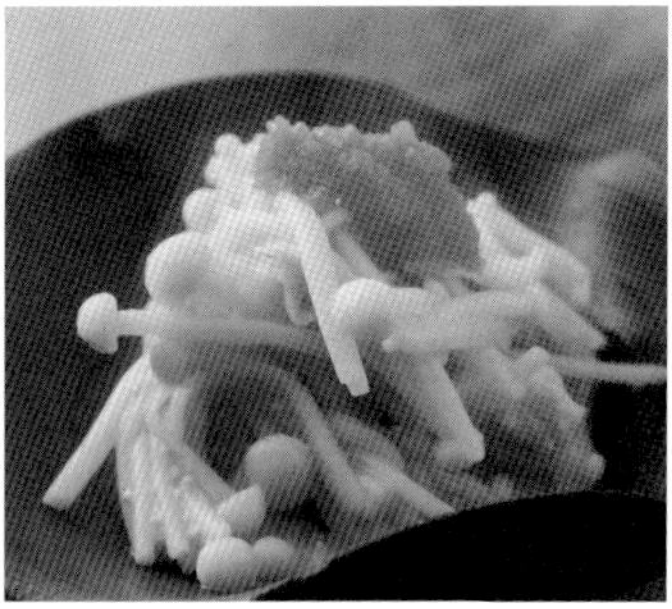

えのきと明太子のミルク煮

◆材料（2人分）
えのきたけ（根を落として長さ半分に切る）……1パック
牛乳……50cc
明太子（ほぐしたもの）……大さじ2
バター……大さじ1

◆作り方
1 えのきたけと牛乳をフライパンに入れ、7割ほど火が通ったら明太子を加える
2 明太子を入れてひと混ぜしたあとにバターを加えて火をとめ、味をみて足りなければ明太子を足す
3 余熱で火を通し、器に盛る

山芋のおやき

◆材料（2人分）
山芋（すりおろしたもの）……大さじ6
A
塩昆布……大さじ1
白ごま……大さじ1
長ねぎ（青ねぎでもよい。小口切り）……大さじ2〜3
サラダ油……小さじ1弱
鰹節……適量

◆作り方
1 Aをボウルに入れて混ぜる
2 フライパンにサラダ油をひき、1を流し入れる。中火で片面に焦げ目がついたら返し、もう片方にも同様の焦げ目をつける
※お玉1杯分を1人前とする
3 器に盛りつけ、鰹節をかける

◇ポイント
フッ素樹脂加工のフライパンなら、サラダ油はごく少量にしましょう。

長芋で作る場合は少々ゆるくなるので、小麦粉（大さじ1）を加えます。大きくしすぎると返しにくいので、お玉1杯分が適量。好みでラー油、酢などを添えて。のり、青のり、紅しょうがなどをトッピングしても

〈右〉

牛すねコールドビーフと味卵

（作り方86ページ）

時間がある時に仕込んでおけば、スープも肉も展開自在な頼もしい一品。

〈左〉

コールドビーフソースライス

（作り方87ページ）

コールドビーフを使ったソース味の炒めごはん。ガーリックでアクセントを

牛すねコールドビーフと味卵

《牛すねコールドビーフ》

◆材料（作りやすい目安）

牛すね肉……800グラム～1.5キロ（精肉売場で「牛すね半分」などと注文すると、肉、脂、すじに分けてくれるところもある）

野菜くず（人参〈皮も〉・セロリの葉・玉ねぎ・キャベツの芯・長ねぎの青いところなど）……鍋に入れた時に肉をおおうくらい

にんにく……4かけ

しょうがの皮……1個分

水……材料を入れて鍋に7分目くらいの量

A
- しょうゆ……50cc
- おろしにんにく……大さじ1

◆作り方

1 野菜くずを水でサッと洗い、寸胴、または大きな鍋に肉、にんにく、しょうがの皮、水とともに入れて強火で沸騰させる

※肉の体積の3倍以上の鍋を選ぶこと。厚みのある鍋であれば2時間、アルミの鍋なら4時間と、煮込み時間が変わるので注意

2 沸騰してあくをすくったら弱火にして2時間以上煮込む

※弱火で煮込むと、きれいに澄んだスープになる

3 肉に菜箸を刺してすっと入ったら火を止める。上に浮いている脂をお玉ですくって捨てる

4 あら熱が取れたら、ポリ袋にスープお玉1杯分（約50cc）とAを入れ、肉のかたまりを漬ける。全体に漬け汁を行き渡らせ、空気を抜き密封して冷蔵庫へ入れる

5 4～5時間後に冷蔵庫から取り出し、スライスする

《味卵》

◆材料（2人分）

卵（常温）……2個

《牛すねコールドビーフ》のスープ……50cc

しょうゆ……50cc

◆作り方

1 卵を水から10分ゆで、冷水にとって殻をむく

2 ポリ袋にコールドビーフのスープ、しょうゆを入れて卵をつける。全体に漬け汁を行き渡らせ、空気を抜き密封して冷蔵庫へ入れる

3 4～5時間後に冷蔵庫から取り出し、半分に切る

◇ポイント

ポリ袋で保存すれば、少量の漬け汁で全体に行き渡ります。コールドビーフは冷凍も可。肉の端の方は、細かく切って他の料理に活用しましょう

卵と漬け汁をポリ袋に入れたところ。時間が経つと味がしみ込んでいい味わいに。3日ほど保存可

コールドビーフ ソースライス

◆材料（2人分）
サラダ油……大さじ1
《牛すねコールドビーフ》の肉
（室温に戻し、1センチ角に切る）
……大さじ2くらい
冷やごはん……150グラム
長ねぎ（みじん切り。
玉ねぎでも可）……大さじ1強
しょうゆ……大さじ1
フライドガーリック…小さじ1
（116ページ参照）
ウスターソース あるいは
とんかつソース……大さじ1〜2

◆作り方
1 フライパンにサラダ油を熱し、肉を炒めたら、冷やごはんを加える
※冷やごはんは、電子レンジで温めておくと炒めやすい
2 ごはんがパラリとしてきたら長ねぎを入れる（玉ねぎを使う場合は、肉と一緒に入れる）
3 しょうゆを回しかけ、フライドガーリックを入れて混ぜ、最後にソースを加えて仕上げる

◇ポイント
フッ素樹脂加工のフライパンを使う場合は、サラダ油を少なめにしましょう

《牛すねコールドビーフの活用》

◆《牛すねコールドビーフ》（右ページ）の2の工程でできる澄んだスープは、漬け汁に使ったあとの残りをこして、〈野菜くず〉と〈スープ〉に分けましょう

◆〈野菜くず〉はブレンダーでつぶし、どろっとした状態になったものをカレーやシチュー、ハンバーグソースなどに使えます

◆〈スープ〉は「そばの実牛スープ」（89ページ）のように、めんつゆで味を加えて。冷蔵・冷凍にすれば、スープの脂分が固まり余分な脂をスプーンなどで簡単に取りのぞけます

◆コールドビーフの肉の脂身の多い部分やすじの部分は、小さめに切ってカレーに使いましょう

10分でおこわ　三種

（作り方90ページ）

10分蒸したもち米に味をつけ、
いただく直前に3分蒸せば、
ふっくらおこわに。

そばの実牛スープ（作り方91ページ）

牛すね肉でとっただしと栄養豊富なそばの実で、滋養たっぷりのスープに。

ずんだ白玉（作り方91ページ）

枝豆の甘みがぎゅっと詰まったずんだあん。冷凍しておくと便利です。

10分でおこわ　三種

◆材料（2人分）

もち米……各1合ずつ

《五目おこわ》

人参・ごぼう・しいたけ または
しめじ・腸詰（豚バラなどでも）
（それぞれ5ミリ角に切る）
……各大さじ1

ごま油……小さじ1
しょうゆ……大さじ1
砂糖……小さじ1
八角……1かけ
水……90cc

《梅とじゃこのおこわ》

カリカリ梅……大さじ1
じゃこ……大さじ1

《枝豆とじゃこのおこわ》

枝豆（ゆでてさやから出したもの）
……大さじ2
じゃこ……大さじ1
塩……少々

◆作り方

1 もち米はといで、3時間水につける

2 1の水を切り、さらしに包んで、蒸気の上がった蒸し器で10分蒸す

3 人参、ごぼう、しいたけ、またはしめじ、腸詰をごま油で1分ほど炒め、しょうゆ、砂糖、八角、水を加えて具に火が通るまで2分ほど炒める
※汁は味つけとなるため、残っていてよい

4 もち米を三等分し、それぞれの味つけをする。五目おこわは3を混ぜ、梅とじゃこ、枝豆とじゃこは、それぞれの材料を混ぜる
※やわらかいおこわが好みなら、それぞれをさらしに包み、食べる直前にさらに3分ほど蒸す

◇ポイント

※五目おこわの具は多めに作って冷凍も可。煮詰めたら八角を取りのぞきます。炊き込みごはんの類はすべて、米1合に対し具がその1／3くらいになるようにすると美しいです

そばの実牛スープ

◆材料(2人分)
そばの実……大さじ2
水……360cc
牛すね肉のスープ……180cc
めんつゆ(市販品)……大さじ2
おろしわさび……適量

◆作り方
1 そばの実を水から10分ほどゆで、やわらかくなったらざるにあげる
2 牛すね肉を煮込んだスープ(86ページ〈牛すねコールドビーフ〉参照)で、めんつゆを割る
3 器にそばの実を入れ、スープを注ぐ
4 おろしわさびをのせる

◇ポイント
冬はあたたかく、夏は冷たくして供しましょう。めんつゆでもよいですが、牛、鶏、鴨などのだし汁を加えるとコクが出てさらにおいしく仕上がります

ずんだ白玉

◆材料(2人分)
枝豆(ゆでてさやから出し、薄皮をむいたもの)……1合分
水……45cc
砂糖……30~40グラム
塩……ひとつまみ
白玉粉……1合分
水(白玉用)……100cc弱

◆作り方
1 枝豆と水をブレンダーにかけてピューレ状にする
2 鍋に1を入れて火にかけ、砂糖、塩を加え、好みの硬さに練り上げてずんだあんを作る
※この状態で冷凍可
3 白玉粉は耳たぶ程度の硬さに練って、熱湯に団子にして入れ、浮いて倍の大きさになったら冷水にさらす
4 白玉のあら熱がとれたら器に盛り、ずんだあんをのせる

食卓のしつらい(1)
季節を感じる器づかい

料理が引き立つ器づかい、盃を重ねたくなる食卓のしつらいも「まめ多」の楽しみ。目にも楽しく、季節感や特別感がぐっと高まる、さりげない演出の工夫があります。

器づかいはアイデアで

料理を作る時には、食材選びの時からすでに、どの器に盛るか考えはじめます。食材を切る時も、味つけをする時も、器の色合いや質感とのバランスを考えて料理しています。

店をはじめた頃から三十年、手元には様々な器が集まりました。お客様から譲られた備前焼の徳利、また陶芸家のお客様もいらっしゃるので、個展でいただいたものもありますが、値の張る器ばかりではありません。趣味の陶芸でひねった板皿や、骨董市で二百円で求め、自分で金継ぎした豆皿も。お菓子が入っていた小さな竹籠も、使えそうと思ったら

とっておき、しゅうまいを蒸したり、和紙を敷いて揚げ物をのせたりしています。

始末料理を小皿でお洒落に

店では形の変わった向付《むこうづけ》なども使いますが、家庭で使いやすいのはやはり小鉢や豆皿。豆皿なら収納にも場所を取らず、柄違いでそろえても楽しいものです。

小さな器のいいところは、残り物を何かと組み合わせたアレンジ料理を、お洒落に見せてくれるところ。一人分しかないおかずでも、少しだけ手を加えて、一口ずつを豆皿に盛れば、二人分のおつまみになります。

自然の素材を取り入れて

手軽に雰囲気を変えたい時は、自然の素材を使って盛りつけます。笹巻や柚子釜は日本料理の伝統。大根のスライス、半割りにしたきゅうりやトマトなどに、味の合うものをのせれば、そのままでいただけます。

秋から冬は土もの、春や夏はガラスや磁器、と家庭で季節に合わせて器を替えるのはむずかしくても、その時季に合った箸置きを使うだけで、季節感が伝わります。初秋なら殻つき落花生、夏なら貝殻など自然のものを使っても。海で拾った小石に模様を描けば、翌夏もまた浜辺の景色がよみがえります。

食卓のしつらい(2)

おつまみとお酒のいい関係

お酒に合うおつまみと、おつまみに合うお酒。
互いを引き立てる組み合わせを見つけましょう。

お酒に合わせてもう一品

「まめ多」のおつまみの基本は、日本酒が飲みたくなる料理。おすすめしたい日本酒の種類は豊富にありますが、最近は焼酎を好むお客様のために芋や麦も十種類ほど揃えています。お客様にはご自身のお好みのものを飲んでいただきたいので、ウイスキーや、少しですがワインも常備しています。

　普段作り慣れた料理でワインに合うものを、と咄嗟に思いついたのが、たとえば餃子の皮のピザ（112ページ）。牛すねコールドビーフ（84ページ）など、日本酒にも洋酒にも合い、料理のバリエーションが広がるものも作るようになりました。ワインを所望された時こそ、新しいおつまみが生まれるチャンスです。

　料理はおまかせのコースでお出ししていますが、もう一本お銚子飲みたいから何かあてを……とおっしゃる、呑み助のお客様のおかげで、組み合わせのアイデアが生まれたと思います。

「まめ多」の手漉《てす》きコースター

グラスの水滴をすっと吸い取る「まめ多」のコースター。じつはランチョンマットを再利用して、仕込みの合間などに作っています。趣味でかじった表具や陶芸以外にも、ちょっとしたものを、手を動かしてこしらえるのが元々好き。ふわっとした感触に、不思議そうに目をとめるお客様もいらっしゃいます。

1 使い終わったランチョンマットを手で適当な大きさに裂き、一晩ほど水につけておく

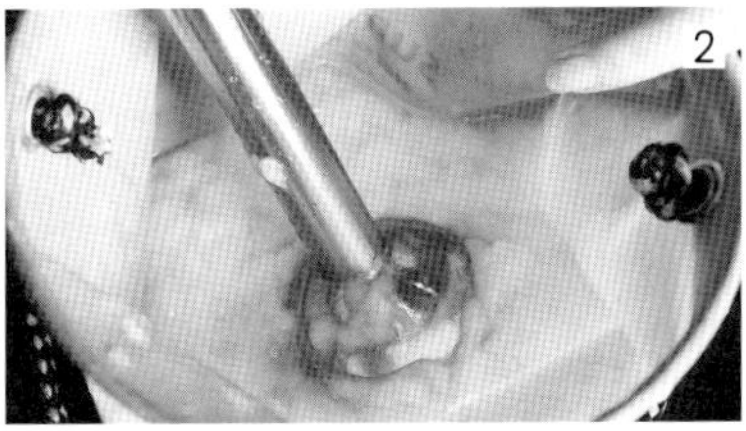

2 ブレンダーにかけ、どろっとした状態になったらゆるくなる程度に水を入れる

3 バットに巻きすをのせて、セルクル（製菓用の底のない型）を置き、液をお玉で5ミリほど流し入れる

4 流し入れた液を手で軽く押さえつけてなじませ、セルクルを外す

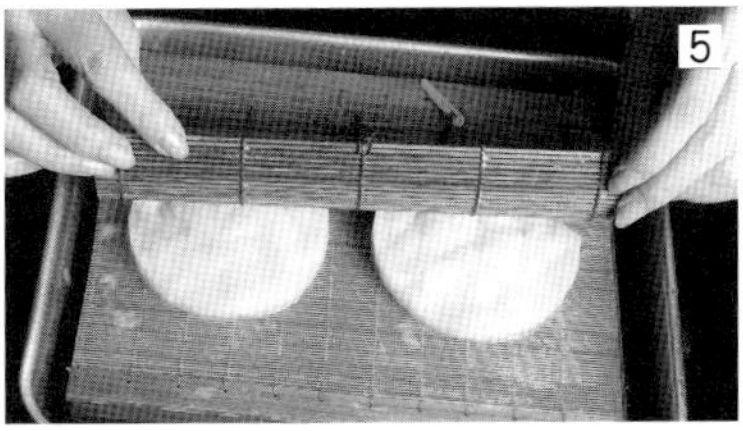

5 上から別の巻きすをのせ、そっと押して水分を切る（表面に巻きすの模様がつく）

6 塩ビシートなどに巻きすを返すようにして並べ、セルクルでふちを整え、天日で2日ほど干してできあがり

冬の料理

冬に甘みを増す根菜や、ほうれん草に小松菜、
牡蠣や白子の濃厚な味わい……
冬ならではの食材を楽しみましょう。

牡蠣の磯辺焼き

◆材料（2人分）
生牡蠣（加熱用でも可）…4個
しょうゆ……大さじ2
のり……適量

◆作り方
1 牡蠣はサッと水でふり洗いしてから、キッチンペーパーで水分を取る
2 フッ素樹脂加工のフライパンを油をひかずに熱し、牡蠣を並べる
3 強火で水分をとばし、しょうゆを3回に分けて入れる
4 焦げ目がついたら、器にちぎったのりを散らし、その上に牡蠣をのせる
5 牡蠣の上にものりをふりかける

◇ポイント
牡蠣が大粒なら、ひとつずつのりで巻いても

女将のはなし(4)　冬の料理

冬は火がごちそう

火が恋しくなる季節、「まめ多」では炭火の小さな卓上コンロが登場します。朴葉焼きや山家《さんが》焼き、干物などを、お客さまご自身であぶって召し上がっていただく――なんとも楽しい趣向でしょう？　でもこれは、一人で店を切り盛りしている私にとって、「手抜き」、「時間かせぎ」のテクニックでもあります。忙しい時や、今日は早めに店じまい、と思っていた9時過ぎに、「まだ何にも食べてない」なんておなかをすかせたお客様が急にみえた時、まずはこのコンロでうるめでも焼いていただいて。その間に次の料理をぱぱっとこしらえにかかります。

煙の多く出るものは、あらかじめオーブンで下焼きして、お客様に食べごろに仕上げていただくことも。いかのワタ焼き、帆立の磯焼き、牡蠣の味噌焼きなど、コースの途中で出す焼きものにも「一人コンロ」が活躍します。

シンプルな小鍋立てで

小さなコンロは、もちろん鍋ものにも使います。定番の湯豆腐、旬のたらちりや牡蠣鍋、そして池

波正太郎さん好みの大根とあさりの小鍋立て。ねぎ、小松菜、白菜、水菜……と、野菜をたっぷりとれるのも鍋料理のいいところです。あれもこれもと欲張るよりも、シンプルな具材を取り合わせるほうが洒落ています。ご家庭なら、テーブルで一緒に料理しながら、ゆっくり熱燗を楽しんで。最後はおいしいだしで雑炊やうどんをいただきます。

小さなコンロや、程のいい小鍋、山家焼きにする貝殻などがなくても、工夫次第であたたかい料理は楽しめます。たとえばアルミホイルに昆布を敷いて、お豆腐と生牡蠣を包んでオーブンで10分。ホイルを開いて熱々のところを、ポン酢や大根おろしでいただきます。

覚えておきたい茶碗蒸し

ほっとする蒸し料理も、寒い季節には喜ばれます。

「白子の茶わんむし」（104ページ）は、だしと卵の分量さえ覚えてしまえば、じつに簡単。卵1個に対してだしは180ccが目安です。そこへ調味料を加えます。冷蔵庫にいつもある卵1個で茶碗蒸しができるのですから、不意のお客様にもこんなに助かる料理はありません。店では焼き穴子や生うに、白子など、ちょっとしたあまりものがあることも多いので、八分通り火が通ったところで上にのせればできあがり。もし具が何もなくても、おだしがおいしければ、それだけで十分です。

金柑のいくらのせ

（作り方102ページ）

濃厚な味わい同士が口の中でひとつに。
生でおいしい完熟金柑を選んで。

大根と牡蠣のステーキ

（作り方102ページ）

旬の大根と牡蠣をバターしょうゆ味で。
ふろふき大根やおでんの残りがメインの一品に。

大根とたくあんのサラダ

（作り方103ページ）

彩りもよく、歯ごたえの違いも楽しい、「ともあえ」サラダ。

クコの実スープ

（作り方103ページ）

美容効果の高いクコの実で、かきたまスープがおしゃれな薬膳風に。

金柑のいくらのせ

◆材料（2人分）

金柑……4個

いくらしょうゆ漬
……ティースプーン8杯

◆作り方

1 金柑は半分に切って、さらに座りのいいように下になる部分を平らに切る。種を取る

2 金柑を器に並べ、その上にしょうゆいくらをのせる

◇ポイント

金柑といくらは一緒にいただきましょう

大根と牡蠣のステーキ

◆材料（2人分）

大根（おでんやふろふき大根の残り）……2センチくらいの厚さのもの4枚

生牡蠣（加熱用）……8個

片栗粉……大さじ1

サラダ油……適量

しょうゆ……大さじ1

バター……大さじ1

酒……大さじ1

◆作り方

1 生牡蠣をサッと水でふり洗いしてキッチンペーパーで水分を取り、全体に片栗粉をつける

2 フライパンに少量のサラダ油をひき、大根の片面に焦げ目をつけたら裏返し、1の牡蠣も同じフライパンの脇で同様に焦げ目をつける。強火で3分ほど

3 しょうゆ、バターを入れ、最後に酒を入れて火を止める

4 器に大根を置き、その上に牡蠣を2個ずつのせる。フライパンに残ったソースをまわしかける

《生の大根から作る場合》

1 大根の葉から2／3くらい下の部分を使う。皮を厚め（5ミリほど）にむいたら、2センチほどの厚さの輪切りにする

2 米のとぎ汁で竹串が通るくらいまでゆでる

3 火を止めて冷ましたら火に戻し、だし汁8・淡口しょうゆ1・みりん1の割合で10分ほど煮る

大根とたくあんのサラダ

◆材料（2人分）
大根（千切り）……10センチほど
たくあん（千切り）……5～6センチ
塩……小さじ1／3
ごま油……小さじ1
白ごま……適量

◆作り方
1 大根は縦方向へ繊維に平行にスライサーなどで千切りにして、冷水につける。あまり細くない方がおいしい
2 たくあんはできるだけ細く千切りにする
3 大根の水を切り、食べる直前に大根とたくあんを4：1の比率でボウルに入れる
4 塩とごま油を加えて混ぜる
5 器に盛ったら白ごまをふる

クコの実スープ

◆材料（2人分）
だし汁……300cc
淡口しょうゆ……大さじ1
塩……ひとつまみ
みりん……小さじ1
片栗粉……小さじ1
水（片栗粉をとくため）……大さじ2
卵……1個
クコの実（お湯で戻したもの）……20粒くらい

◆作り方
1 だし汁に淡口しょうゆ、塩、みりんを入れて鍋で沸騰させ、火を弱めたら水でといた片栗粉を入れてとろみをつける
2 とき卵を少量ずつ入れ、卵が上へきれいに浮いてきたら火を止める
3 器に盛って、中央にクコの実をのせる

◇ポイント
だし汁は、鶏スープや鶏ガラでとったスープでもおいしいです

〈右〉
白子の茶わんむし
（作り方106ページ）
卵とだしの割合を覚えれば、茶わんむしは簡単。
白子の舌ざわりを楽しんで。

〈下〉
白子の揚げ出し
（作り方106ページ）
やや濃いめのだしをあん仕立てにして、
あたたまる一椀に。

〈上〉
ごぼうのから揚げ
（作り方107ページ）
ささがきごぼうは
3時間ほど干すのがコツ。
味が凝縮します。

〈左〉
からし蒸し豆腐
（作り方107ページ）
冬は蒸したてを
あたたかいうちに。
夏は冷たくしてもおいしい。

白子の茶わんむし

◆材料(2人分)
真だらの白子……80～100グラム
卵(全卵)……1個
A
だし汁……180cc
淡口しょうゆ…大さじ2／3
しょうゆ…小さじ1／2
みりん……小さじ1

◆作り方
1 Aを混ぜて人肌にあたため、とき卵を加え、ざるでこす
2 白子は、サッと霜降り(お湯をかける)しておく
3 器に1を入れ、蒸し器で5分ほど強火で蒸したあと、2を入れてさらに弱火で3分蒸す

◇ポイント
蒸す途中で白子を入れると、白子が器の中へ沈まず仕上がります。

白子の揚げ出し

◆材料(2人分)
真だらの白子……100グラム
小麦粉……大さじ1
水……適量
サラダ油……適量
[銀あん]
だし汁……120cc
淡口しょうゆ……小さじ1
しょうゆ…小さじ1／2
みりん……小さじ1
塩……ひとつまみ
水とき片栗粉……大さじ1
ゆがいた菜の花……2本
柚子の皮(千切り)……2かけ

◆作り方
1 銀あんの材料を鍋であたため、水とき片栗粉を加えてとろみをつけてひと煮立ちさせる
2 白子は一口大に切り、キッチンペーパーで水分を切る
3 白子に小麦粉をつけて、中温で天ぷらを揚げる
4 揚げたての白子に銀あんをかけて、菜の花、柚子の皮を添える

◇ポイント
白子を揚げる時は、少ないサラダ油でフライパンを少し傾けるようにして揚げてもよいでしょう

ごぼうのから揚げ

◆材料（2人分）
ごぼう……1本
サラダ油……フライパンで作るなら深さ1センチたまるぐらいの量。傾けて少量の油でも
塩……少々

◆作り方
1 ごぼうはささがきにして水にさらし、ざるに広げて3時間ほど干しておく
2 サラダ油で素揚げにする
3 塩を少々ふって供する

からし蒸し豆腐

◆材料（2人分）
木綿豆腐……1／2丁
片栗粉……大さじ1
和がらし
……ティースプーン1杯ほど
※納豆やおでんのパックのからしでも
しょうゆ または めんつゆ
……適量

◆作り方
1 豆腐を手で崩し、片栗粉を混ぜる
2 半量ずつラップにのせて包み、それぞれの中心に和がらしを入れ、茶巾しぼりにする
3 蒸気の上がった蒸し器で5～6分蒸す
4 ラップを外して器に盛り、しょうゆやめんつゆを添える

スプーンで割ると、中からからしがツンときて酒との相性も抜群

スペアリブ（作り方110ページ）

じっくり漬け込んで焼くだけ。
はちみつやオイスターソースで、
こっくりした味に。

塩こうじ焼きとり

（作り方111ページ）

自家製塩こうじに一晩漬け込み、
やわらかくふっくら焼き上げます。

ほうれん草のナムル

（作り方111ページ）

真冬に甘みを増すほうれん草。
いつものおひたしとは
ちょっと目先を変えたい時におすすめです。

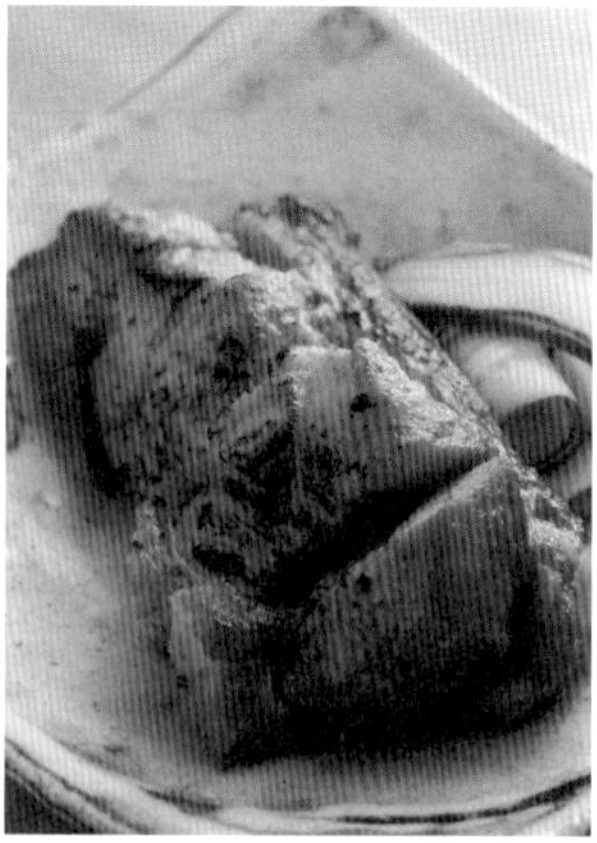

スペアリブ

◆材料(2人分)

スペアリブ(1/2本にカットしたもの)……4本

[漬け汁]

しょうゆ……大さじ2
砂糖……大さじ1
はちみつ……大さじ1
おろしにんにく……大さじ1
オイスターソース……大さじ1
塩こうじ……大さじ1

きゅうり……1/2本
マスタード……適量

◆作り方

1 漬け汁の材料をポリ袋で混ぜる
2 スペアリブを漬け汁に1日ほど漬けておく
※冷蔵庫に入れ、最低1回は上下を返す
3 200度のオーブンで表裏それぞれ10分ずつ焼く
4 器に盛り、斜めに平たくスライスしたきゅうりとマスタードを添える

◇ポイント
好みでタバスコや鷹の爪を入れて

塩こうじ焼きとり

◆材料（2人分）

鶏もも肉（一口大に切る）……1枚
塩こうじ……大さじ1
長ねぎ（白い部分。5センチ長さに切ったもの）……4個
日本酒……大さじ1
水……大さじ2
かぼす（半分に切る）……1個

◆作り方

1 鶏肉に塩こうじをつけてポリ袋に入れ、3時間～一昼夜おく。
2 フッ素樹脂加工のフライパンに油をひかず、中火で鶏肉を皮目からじっくり焼く
3 鶏肉に3分の1くらい火が通ったら裏返して長ねぎを加える
4 両面に焼き目がついたら日本酒を入れ、火を弱めてふたをして蒸し焼きにする
5 水分のなくなる頃が火の通る目安となる。器に盛りつけ、かぼすを添える

ほうれん草のナムル

◆材料（2人分）

ほうれん草……小1束
長ねぎ（白い部分。みじん切り）…大さじ1
おろしにんにく……小さじ1
塩……小さじ1／2弱
ごま油……小さじ1
白いりごま……小さじ1／2

◆作り方

1 ほうれん草をゆで、冷水にとってしぼり、3センチの長さに切る
2 ボウルに長ねぎ、おろしにんにく、塩、ごま油を入れてほうれん草を加え、手であえる
3 白いりごまを混ぜて、器に盛る

◇ポイント
手であえると味がしみこんでうま味が増します。チヂミの具にしても。冬場は甘みが増しておいしいです

餃子の皮ガーリックピザ

（作り方114ページ）

餃子の皮で、カリッとした一口ピザに。
何かもうちょっとつまみたいときに。

餃子の皮リンゴピザ

（作り方114ページ）

餃子の皮が、デザートにも変身。
リキュール系の食後酒とも相性よし。

いちじくのコンポート

（作り方115ページ）

旬のいちじくを甘い蜜で煮含めて、女性好みのやさしい味わいに。

もずく雑炊いくらのせ

（作り方115ページ）

冬のメにぴったりのもずく雑炊。いくらをのせれば、おもてなしにも。

餃子の皮ガーリックピザ

◆材料(2人分)
餃子の皮……4枚
おろしにんにく…小さじ1/2
オリーブオイル
または ガーリックオイル
(116ページ参照)…小さじ1
クリームチーズ
……ティースプーン軽く1杯ずつ
ピザ用チーズ……大さじ2~3

◆作り方
1 オーブンの天板にクッキングシートを敷き、餃子の皮を並べて、それぞれにスプーンの背でオリーブオイルを塗る
2 ピザ用チーズをのせて、200度のオーブンで8~10分、チーズに焦げ目がつくまで焼く

◇ポイント
タバスコなどを添えても合います

餃子の皮リンゴピザ

◆材料(2人分)
リンゴ(櫛形に切ってから
スライス)……1/4個分
餃子の皮……2枚
クリームチーズ……小さじ2ずつ
はちみつ……小さじ1

◆作り方
1 オーブンの天板にクッキングシートを敷き、餃子の皮を並べて、クリームチーズをそれぞれの中央にのせる
2 リンゴをチーズの上に並べ、はちみつをかけて、200度のオーブンで10分ほど焼く

◇ポイント
リンゴに焦げ目をつけた方がおいしそうに見えます。はちみつは焼いたあとにぬっても

いちじくのコンポート

◆材料（いちじく1パック分）

いちじく……1パック（4～5個）
白ワイン（または水）……180cc
砂糖……60グラム

◆作り方

1 いちじくは洗ってなり口の部分を切り、白い汁を洗い流す。皮はむかない

2 1が重ならず並ぶ鍋を用意して入れ、白ワインと砂糖を加えて落としぶたをして中火で10分煮る

3 いちじくの3分の1くらいの水分量に煮詰まったら、汁を味見する。甘味が足りなければ砂糖を加える

◇ポイント

煮る時は、鍋を動かして煮汁を行き渡らせます。1週間くらいで食べきりましょう

もずく雑炊いくらのせ

◆材料（2人分）

冷やごはん……100グラム
だし汁……220cc
白しょうゆ……大さじ1
生もずく……大さじ1
いくらしょうゆ漬け……大さじ1

◆作り方

1 鍋にだし、白しょうゆを入れ、サッと水で洗った冷やごはんを入れて火にかける

2 生もずくを食べやすい長さに切り、1に加える

3 煮立ったら器に盛り、いくらをのせる

※あれば、柚子の皮かすだちの皮を添えても

作りおきこそ時短のコツ！

自家製おりこう調味料

一人で何人分もの料理を
お待たせさせずにさっと出せるのは、
この自家製調味料があってこそ。
ドレッシング、炒め物の隠し味、
めんつゆ、酢飯に……
作りおきしておけばきっと役立つ
「まめ多」の秘密の調味料を一挙公開。

本返し

しょうゆ180ccと砂糖40グラムを鍋で熱し、白い泡が立ったら、沸騰する直前にアクをすくって火を止める。粗熱が取れたら瓶などに移し、常温で1週間寝かしてから使う。だしで薄めて煮物やそばのめんつゆに

ガーリックオイル フライドガーリック

大きめの中華鍋に、にんにく1玉分（みじん切り）と常温のオリーブオイル360ccを入れて火にかける。鍋肌から火が通るので、焦げないように混ぜ続ける。鍋のふちから5ミリくらいのにんにくがきつね色になってきたら火を止める。余熱でどんどん焦げてくるので注意。手早くキッチンペーパーでこして、オイルとフライドガーリックを別々に保存する

昆布酢

米酢360 ccに、だし昆布30グラムを漬けておく。翌日から使える。三杯酢、酢飯、ドレッシングなどに。酢を使い切ったら昆布を細かく切り、しょうゆと砂糖でつくだにしてもいい

塩こうじ

水400 ccに塩60グラムを加え、80度くらいに熱してとかす。人肌に冷めたら、くずしたこうじ200グラムと混ぜ、瓶に入れる。常温で1週間ほど発酵させる。1日1回は混ぜること。発酵の目安は、甘酒のような香りがしてきた頃。発酵したら冷蔵庫で保存し、1〜2か月で使い切る。肉の下味や、煮込みの塩味の代わりに

梅酢

青梅1キロを洗って水気をふき、へたを取って瓶に入れる。米酢900 cc、はちみつ500グラムを加えて漬ける。1か月後からいただける。薄めて飲んだり、調味料としてドレッシングや五目寿司の酢飯に。梅の実は、いかやたこを煮る時に入れるとやわらかく仕上がる。チャツネのように、煮込み料理の隠し味にも

にんにくしょうゆ

鍋にしょうゆ180 ccを入れて熱し、冷めたら薄皮をむいて根元を取ったにんにく1玉分を漬ける。常温で保存する。ドレッシングやつけだれなどに使う

本書に登場する 女将のお助け珍味

買い置きできる食材を、生鮮食材と上手に組み合わせるのが「まめ多」流おつまみのコツ。乾物、ドライフルーツやジャム、塩蔵品、佃煮、漬物……。中でも「この味は譲れない」という、レシピに登場する珍味をご紹介します。

1

2

3

4

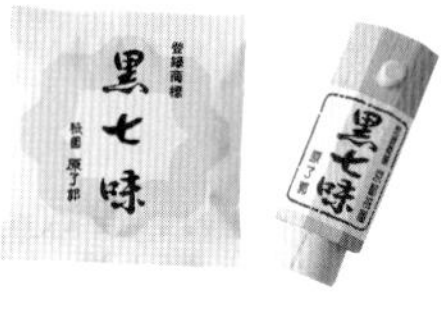

5

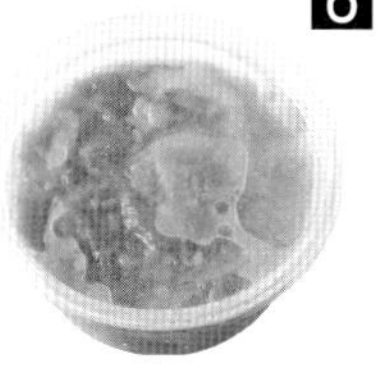

6

1 まつのはこんぶ
大阪「花錦戸」の製品。スッポンのだしで炊いた細切りの塩昆布（15ページ参照）

2 梅くらげ
たたいた梅干に、くらげを混ぜてあるもの。酸味と食感が魅力（11ページ参照）

3 お刺身くらげ
コリコリとした独特な食感がおつまみにぴったり。塩抜き不要（49ページ参照）

4 いくらしょうゆ漬け
料理のトッピングに。彩りを添えてくれます（100・115ページ参照）

5 黒七味
京都「原了郭」の製品。山椒の立つ風味。汁物や麺類などに（60ページ参照）

6 ほやしおから
ほやの身を塩辛にしたもの。これだけでお酒のつまみに（18ページ参照）

お酒の後にはこれ！
白いごはんの友

季節の旬を味わう混ぜごはんや炊き込みごはんも良いものですが、時には「白いごはんが食べたい！」ということも。
そんな一膳に合わせたい女将のおすすめはこの9品。

《本書に登場するレシピより》

1 のりわさび（12ページ）
のりの磯の香りに、わさびのツンとくる風味は熱々のごはんにもぴったり。お茶漬けにしても良く合います。

2 干ししいたけの八角煮（15ページ）
八角としょうゆ味が白いごはんに出合うと、あとを引くおいしさ。お弁当のおかずにも便利な常備菜です。

3 ふきの時雨煮（28ページ）
しょうゆとごま油の風味に、唐辛子のアクセント。ふきの食感が白いごはんを引き立てます。

4 ふきの葉のじゃこ炒め（28ページ）
じゃこ山椒は、ごはんになくてはならない組み合わせ。そこにふきの葉の苦みが加わって、ひと味違う〆のごはんに。

5 花わさびのポン酢漬け（40ページ）
花わさびの辛味とポン酢の爽やかな酸味でさっぱりと。花わさび独特の、しゃきっとした歯ごたえがごはんと相性良し。

6 ゴーヤーつくだに（53ページ）
ゴーヤーと白いごはんを引き合わせるのは、鰹節のうま味。松の実と白いりごまの香ばしさも一役買っています。

《その他のおすすめ》

1 卵しょうゆ
卵としょうゆは素材にこだわって。しょうゆとめんつゆを半々に混ぜると、定番卵かけごはんの味わいに。

2 なめ茸
山芋をすりおろしたり、たたいたりしたものと合わせれば、なめ茸のとろみが際立ちます。好みでしょうゆを加えても。もちろん大根おろしでもおいしくいただけます。

3 たらこ・明太子
そのままでもごはんに合いますが、直火でサッと皮目をあぶると味がいっそう引き立ちます。大根おろしを添えて。

おいしいおつまみと料理を
春夏秋冬、一年じゅう
お楽しみください

「まめ多」女将・降旗壽眞子さん（左）と女将のもうひとつの店
「おふくろの味 ねぎ」のラポルタ絢子さん。
将来お店を持ちたい絢子さんを、女将が特訓中。まめ多カウンターにて

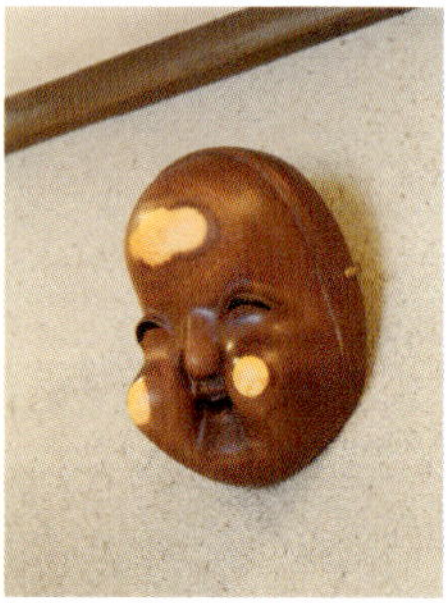

［店舗情報］

まめ多《まめだ》

東京都港区赤坂3の6の10
桝よしビル7F
電話　03（3586）7380
営業時間　17時～23時
定休日　土・日・祝
料理教室　土（参加者受付中）

おふくろの味　ねぎ

東京都港区赤坂3の7の15
小川ビル1F
電話　03（3584）5345
営業時間　11時30分～13時30分
18時～22時
定休日　土・日・祝

おしまいに

脱サラして三十年前にはじめた、まめ多。
最初は、八人でいっぱいになる、小さな店でした。
次は二十人が入れるお店へ。
日本の経済も自分も元気な頃で、がんばりました。
そして五年前、今の店舗へ移りました。
最初の小さな店に思いを馳せて、
六名のカウンター席、そして小部屋がふたつ。
三十年前と変わらぬ「少量、多品目」で
お酒を楽しんでいただくためのスペースです。
さらに昨年暮れ、知人が四十年続けた
「おふくろの味　ねぎ」をスタッフ共々譲り受け、
ふたつめの店としてはじめました。

この十数年、月に一、二度のペースで行う
「男の料理教室」に通ってくださるお客様が、
少しずつ上達されて、若い女性の方も参加してくださって、
楽しんで料理をなさるようになったことが嬉しいです。

料理って楽しい。
食材探しも楽しい。
皆様がおいしいって言ってくださるのが、さらに嬉しい。

季節の折々に、今日何が食べたいかしら?
とお天気と身体に相談しつつ、
お酒をおいしく、楽しくいただけるよう、努めてまいります。

これからも幸せな一皿を、感謝の心で作り続けたいと思います。

降旗壽眞子

【食材・料理別索引】

協力
おふくろの味 ねぎ
（ラポルタ絢子・スタッフ一同）
ライズコーポレーション
秋山多久美
東京都中央卸売市場築地市場
東京魚市場卸協同組合
築地商業協同組合「魚がし横丁」広報企画室
（東京都中央卸売市場内）
築地場外市場商店街振興組合
成合明子

デザイン／津野千枝
撮影／天方晴子

降旗壽眞子（ふりはたすまこ）

おまかせ割烹「まめ多」女将。1954年福島県郡山市生まれ。18歳で上京し、会社員として働きながら和食の店を持ちたいと開業資金を貯める。1985年、炭火焼をメインとしたカウンター席8席のみの和食割烹料理店「まめ多」を赤坂六丁目に開店。2009年に現在の赤坂三丁目の店舗に移転し、男性・女性を問わず美味しい酒と季節料理を求める粋人たちに愛されている。2013年には1970年創業の和食料理店「おふくろの味ねぎ」を引き継いで第二店舗とした。

赤坂《あかさか》「まめ多《だ》」女将《おかみ》のおつまみレシピ 春夏秋冬《しゅんかしゅうとう》

発行日　2014年10月30日　第1刷発行

著　者　降旗壽眞子《ふりはたすまこ》

発行者　太田富雄

発行所　株式会社 集英社クリエイティブ
〒101-0051 東京都千代田区神田神保町2-23-1
電話 出版部 03・3239・3811

発売所　株式会社 集英社
〒101-8050 東京都千代田区一ツ橋2-5-10
電話　販売部 03・3230・6393（書店専用）
読者係 03・3230・6080

製版所　株式会社ビーワークス

印刷所・製本所　大日本印刷株式会社

定価はカバーに表示してあります。

ISBN978-4-420-31069-7 C2077